utb 4308

Eine Arbeitsgemeinschaft der Verlage

Böhlau Verlag · Wien · Köln · Weimar
Verlag Barbara Budrich · Opladen · Toronto
facultas · Wien
Wilhelm Fink · Paderborn
A. Francke Verlag · Tübingen
Haupt Verlag · Bern
Verlag Julius Klinkhardt · Bad Heilbrunn
Mohr Siebeck · Tübingen
Nomos Verlagsgesellschaft · Baden-Baden
Ernst Reinhardt Verlag · München · Basel
Ferdinand Schöningh · Paderborn
Eugen Ulmer Verlag · Stuttgart
UVK Verlagsgesellschaft · Konstanz, mit UVK/Lucius · München
Vandenhoeck & Ruprecht · Göttingen · Bristol
Waxmann · Münster · New York

Christian Wymann

Der Schreibzeitplan: Zeitmanagement für Schreibende

Verlag Barbara Budrich
Opladen & Toronto 2015

Der Autor:
Christian Wymann ist promovierter Soziologe und bietet als Schreibcoach Beratungen und Schreibworkshops an.
www.myw.schreibcoach.ch

Bibliografische Information der Deutschen Nationalbibliothek
Die Deutsche Nationalbibliothek verzeichnet diese Publikation in der Deutschen Nationalbibliografie; detaillierte bibliografische Daten sind im Internet über http://dnb.d-nb.de abrufbar.

Gedruckt auf säurefreiem und alterungsbeständigem Papier.

www.budrich-verlag.de

UTB-Bandnr. 4308
UTB-ISBN 978-3-8252-4308-1

Lektorat: Ulrike Weingärtner, Gründau
Satz: Judith Henning, Hamburg, www.buchfinken.com
Zeichnungen: Bashar Ahmed, Aarburg (Schweiz), www.basharart.com
Umschlaggestaltung: Atelier Reichert, Stuttgart
Druck: Friedrich Pustet, Regensburg
Printed in Germany

Inhalt

Vorwort

In meiner Tätigkeit als Schreibberater stelle ich fest, dass viele wissenschaftlich Schreibende Mühe mit der Zeitplanung haben. Sie vernachlässigen das Schreiben aufgrund anderer Verpflichtungen. Im Vergleich zu diesen genießt das Schreiben selten die Priorität, die ihm gebühren sollte. Dabei mangelt es oftmals auch am Wissen, wie man einen Zeitplan aufbauen und Schreibgewohnheiten nachhaltig verändern kann. Mit diesem Buch möchte ich Schreibenden helfen, die zeitliche Dimension des Schreibens bewusst und langfristig unter Kontrolle zu bringen.

Ich habe mich einerseits durch meine eigenen Erfahrungen und denjenigen der Schreibenden, die zu mir in Beratungen und Workshops gekommen sind, leiten lassen. Andererseits haben mich die Bücher *The Clockwork Muse* von Eviatar Zerubavel (2001) und *How to Write a Lot* von Paul J. Silvia (2007) angeregt, ein vergleichbares Buch auf Deutsch zu schreiben.

Franz Neff und Manuel Uebersax, die mir aus Sicht von regelmäßig Schreibenden wertvolle Anregungen gegeben haben, bin ich zu großem Dank verpflichtet. Den Personen, die zu den Beispielen beigetragen haben, danke ich für den Austausch über die Herausforderungen des regelmäßigen Schreibens (ihre Namen und die genauen Umstände wurden verändert). Dem Verlag, insbesondere der Lektorin Miriam von Maydell, möchte ich für die angenehme Zusammenarbeit danken. Ulrike Weingärtner danke ich für das sorgfältige Lektorieren des Manuskripts. Nicht zuletzt bedanke ich mich bei Bashar Ahmed, der die wunderbaren Zeichnungen gemacht hat.

Christian Wymann
Bern, im Juli 2014

Schrittweise zum eigenen Schreibzeitplan

Sie halten dieses Buch in den Händen, weil Sie möglicherweise mit Ihrer Schreibsituation oder Ihren Schreibgewohnheiten unzufrieden sind und wissen wollen, was Sie ändern könnten. Es kann sein, dass Sie mehrere Schreibaufgaben parallel zu erledigen haben, aber nicht wissen, wie Sie das anstellen sollen. Vielleicht denken Sie ständig über eine schriftliche Arbeit nach, meinen aber, keine Zeit dafür zu finden oder wissen nicht, wenn Sie die Zeit haben, wie Sie beginnen sollen. Möglicherweise haben Sie bereits versucht, einem Zeitplan zu folgen, haben sich jedoch nicht lange daran gehalten und ihn bald wieder vergessen. Oder Sie fragen sich, ob Sie überhaupt über Schreibgewohnheiten verfügen.

Dieses Buch soll Ihnen dabei helfen, die Herausforderungen und Fragen zu klären, die mit dem Schreiben verbunden sind. Es kann Ihnen helfen, sich Ihrer (negativen) Schreibgewohnheiten bewusst zu werden und sie mithilfe eines Schreibzeitplans zu verändern. Denn der Schreibzeitplan ist ein Planungsinstrument, das Ihnen sagt, wann Sie wie lange mit welchem Ziel an welcher Aufgabe arbeiten. Er soll Sie dabei unterstützen, sich neue Schreibgewohnheiten anzueignen, indem Sie sich regelmäßig im Schreiben üben.

Vom Aufschieber zum Zeitplaner

Auch meine eigenen Schreibgewohnheiten waren früher nicht produktiv und zielgerichtet. Ich konnte sie jedoch mithilfe von Schreibzeitplänen erfolgreich verändern.

Während meiner Schulzeit am Gymnasium hatte ich kein Interesse am Lesen und Schreiben. Ich schrieb mittelmäßige Aufsätze und las nur, was ich lesen musste. Erst gegen Ende des Gymnasiums änderte sich meine Einstellung dazu. Im Studium wurde ich zum Bücherwurm. Doch das wissenschaftliche Schreiben, obwohl es mich faszinierte, blieb harte Arbeit, die mir nur in seltenen Fällen Freude bereitete. Wissenschaftlich zu schreiben, musste ich mir vor allem selbst beibringen, weil es dazu keine Kurse an der Hochschule gab. Bei jeder Hausarbeit stand ich vor der gleichen Frage: Wie sollte ich die Arbeit daran beginnen? Es lief immer wieder darauf hinaus, dass ich Schreibaufgaben hinausschob, obwohl ich letztlich nie eine Abgabefrist verpasste. Schreiben war eine Qual, und Freizeit und Schlaf litten darunter. Das Aufschieben hatte Schreibexzesse mitten in der Nacht zur Folge, selbst noch bei der Fertigstellung der Abschlussarbeit.

In den ersten Jahren des Doktorats schrieb ich zwar immer wieder kurze Texte, doch vor der eigentlichen Schreibarbeit drückte ich mich erneut. Zu dieser Zeit kam ich mit einem Schreibberater in Kontakt, der ein Zeitplanmodell vermittelte und mit Kursen unterstützte. Erst einmal nahm ich nicht an seinen Kursen teil, weil ich glaubte, noch nichts schreiben zu können und deshalb auch keinen Zeitplan zu benötigen. Erst nach der Lektüre des Buches (Silvia 2007), mit dem der Berater arbeitete, begann die Veränderung: Allmählich eignete ich mir Schreibgewohnheiten an, auch wenn sie dem Zeitplanmodell nicht in allen Punkten folgten. Noch immer erlag ich inneren Widerständen und Ausreden. In der Endphase meiner Doktorarbeit war meine Schreibroutine jedoch so weit gediehen, dass ich werktags jeden Morgen spätestens um acht Uhr am Schreibtisch saß und den ganzen Morgen mit Schreiben verbrachte. Ich hatte zwar den idealen Schreibzeitplan noch nicht verwirklicht, war aber mit dem Tempo und täglichen Resultat meiner Arbeit zufrieden. Inzwischen, einige Jahre nach meinem Doktorat, weiß ich gut, wie ich Schreibgewohnheiten aufbauen und aufrechterhalten kann. Ich habe einen effizienten Schreibzeitplan für mich erstellt, der mich meinem Ideal nahekommen lässt.

Falls es Ihnen also ähnlich geht wie mir während meines Studiums, dann verlieren Sie nicht den Mut. Nehmen Sie dieses Buch als Inspiration und Motivation. Es kann Ihnen helfen, sich über Ihre Gewohnheiten klar zu werden und sie zu verändern.

Was der Schreibzeitplan bietet

Wie andere Tätigkeiten, erfordert Schreiben Konzentration, Geduld und Disziplin. Kaum jemand bringt diese Eigenschaften von Natur aus mit, sondern eignet sie sich allmählich an. Wer am Anfang des Studiums noch nicht über sie verfügt, wird sie idealerweise im Laufe der Zeit erwerben. Der Schreibzeitplan bietet eine Möglichkeit, diese drei Eigenschaften systematisch zu trainieren, während zugleich die eigenen Kenntnisse und Fähigkeiten im Schreiben wissenschaftlicher Texte durch regelmäßige Übung ausgebaut werden. Dies ist der Schlüssel: regelmäßig üben. Genau dazu dient der Schreibzeitplan, der in diesem Buch vorgestellt wird.

Ich werde Sie schrittweise zu Ihrem eigenen Schreibzeitplan hinführen und Ihnen dabei sowohl unterschiedliche Möglichkeiten als auch Herausforderungen aufzeigen. Es geht dabei um folgende zehn Schritte:

1. Die Motivation bestimmen und sich selbst verpflichten;
2. definieren, wie viel Zeit Sie brauchen;
3. eine Liste der Schreibaufgaben erstellen und deren Prioritäten bestimmen;
4. kleine Aufgaben und Ziele definieren;
5. den Schreibfortschritt kontrollieren;
6. die Schreibumgebung gestalten;
7. die Tücken während der Schreibsitzung kennen und meistern;
8. Rituale und Belohnungen nutzen;
9. den gängigen Einwänden, nicht zu schreiben, trotzen und schließlich
10. die Freude an der neuen Schreibgewohnheit erkennen und pflegen.

Folgen Sie den einzelnen Schritten, verfügen Sie am Ende Ihrer Lektüre über die wichtigsten Informationen für die Erstellung Ihres Schreibzeitplans. Das heißt noch nicht automatisch, dass Sie nicht in alte Muster zurückfallen können. Der Schreibzeitplan bietet aber ein Gerüst dafür, Ihre Schreibgewohnheiten zu erkennen und nach Ihren Bedürfnissen zu verändern. Die eigentliche

Arbeit – sich zur geplanten Stunde hinzusetzen und für die Dauer der Sitzung eine Aufgabe zu bearbeiten – liegt bei Ihnen.

Betrachten Sie Ihren Schreibzeitplan bitte nicht gleich als gescheitert, wenn Sie auf Schwierigkeiten und Hindernisse treffen. Diese Art von Herausforderungen gehören zu jedem Schreibprozess. Die Reibungen, die dabei entstehen, helfen Ihnen zu erkennen, woran Sie arbeiten können. Diese sind Zeichen dafür, dass Sie sich mit Ihren Schreibgewohnheiten auseinandersetzen. Würde der Aufbau eines Schreibzeitplans ohne Probleme verlaufen, gäbe es vermutlich überhaupt keinen Grund, ihn zu erstellen. Erlauben Sie sich also, im Prozess geduldig und entspannt zu bleiben, während Sie sich Ihrem Schreibzeitplan nähern.

Ihr Schreibzeitplan funktioniert nur, wenn Sie ihm so genau wie möglich folgen. Geben Sie nicht zu früh auf, wenn Ihnen das nicht auf Anhieb gelingt. Experimentieren Sie. Ihr Schreibzeitplan muss auf Ihre Bedürfnisse und Möglichkeiten zugeschnitten sein. Was für eine andere Person funktionieren mag, könnte für Sie zur Qual werden. Versuchen Sie also nicht, die Gewohnheiten Ihrer KommilitonInnen oder der Personen, die in diesem Buch vorgestellt werden, nachzuahmen. Versuchen Sie Ihren eigenen Weg zu gehen. Solange Sie realistisch bleiben, werden Sie Ihren Schreibrhythmus finden.

Geben Sie sich ausreichend Zeit, bis Sie sich neue Schreibgewohnheiten angeeignet haben. Dieser Prozess braucht Übung und Geduld und gelingt nicht von heute auf morgen.

Die zehn Schritte zu Ihrem Schreibzeitplan sind außerdem kein linearer Prozess, an dessen Abschluss ein über Jahre funktionierender Plan steht. Die meisten der zehn Schritte werden Sie wiederholt durchlaufen. Es gehört mit zum Schreibzeitplan, dass Sie ihn immer wieder überprüfen und anpassen. Ihre vielfältigen Verpflichtungen neben dem Studium, dem Doktorat oder der Arbeit verändern sich. Ihre Ansprüche und Bedürfnisse beim Schreiben und Ihre Schreibaufgaben verändern sich ebenso. Deshalb muss sich auch Ihr Schreibzeitplan mit wandeln, sonst kann er zu einem Hindernis statt zu einer Unterstützung werden.

Praktisch statt theoretisch

Ich halte dieses Buch absichtlich praktisch. Ich verzichte auf Theorien, Modelle und Forschungsresultate der Psychologie und anderer Fächer, die etwas zu Selbst- und Zeitmanagement, Konzentration oder Planung sagen. Falls Sie sich dafür interessieren, finden Sie Informationen in anderen Büchern (z.B. Boice 1990; Riedenauer/Tschirf 2012). Es geht mir um die Basiselemente eines Zeitplans und die konkreten Herausforderungen, denen Sie dabei eventuell begegnen. Das Buch präsentiert Ihnen Werkzeuge, mit denen Sie Ihren eigenen Schreibzeitplan zusammensetzen können. Dazu benötigen Sie Ihren gesunden Menschenverstand und die Offenheit und Bereitschaft, Ihr eigenes Verhalten und Ihre Gewohnheiten zu reflektieren.

Da der Aufbau des eigenen Schreibzeitplans Ausdauer und Disziplin verlangt, will ich Sie mit Beispielen von anderen Schreibenden motivieren und inspirieren. Die Beispiele nehme ich einerseits aus meiner Tätigkeit als Schreibberater und andererseits aus der Literatur. Die Schreibenden, von denen ich berichten werde, erreichen nicht alle ihr Wunschziel auf Anhieb. Anstatt Ihnen zu zeigen, wie jemand zum perfekten Schreibzeitplan findet, erfahren Sie, wie andere Schreibende mit Herausforderungen umgehen. Vielleicht erkennen Sie sich in dem einen oder anderen Beispiel wieder und können daraus Inspiration und Motivation schöpfen.

Verwendung und Aufbau des Buches

Verfügen Sie noch nicht über einen Schreibzeitplan oder wissen nicht, worum es bei der Idee des Schreibzeitplans genau geht, folgen Sie am besten den einzelnen der zehn Schritte der Reihe nach. Richten Sie sich bereits nach einem Schreibzeitplan, sind aber mit der Umsetzung nicht zufrieden, dann suchen Sie sich die Kapitel heraus, die Ihnen weiterhelfen könnten. In beiden Fällen dürfen Sie dieses Buch als Werkzeugkasten mit zehn Schubladen auffassen. Nehmen Sie aus dem Kasten, was Sie brauchen. Wenn Ihnen ein bestimmtes Werkzeug nicht gut in der Hand liegt, müssen Sie es auch nicht verwenden bzw. können es anpassen. Schließlich geht es um Ihr eigenes Schreiben, dem Sie mithilfe des Schreibzeitplans eine Routine geben wollen. Sie alleine entscheiden, was für Sie funktioniert.

Auf welche Weise Sie das Buch auch lesen, setzen Sie das Gelesene am besten gleich um. Fertigen Sie Ihren eigenen Schreibzeitplan parallel zum Lesen an. Obschon die Lektüre an sich hilfreich sein kann, geht sie vermutlich auch schnell wieder vergessen, wenn Sie sie nicht direkt umsetzen. Machen Sie nicht denselben Fehler wie ich, als ich mein erstes Buch zur Zeitplanung gelesen habe. Im Nachhinein wünschte ich mir, ich hätte mein frisches Wissen zum Thema unmittelbar verarbeitet. Ich hätte mir Sorgen über meinen Schreibfortschritt und die vermeintlich fehlende Zeit zum Schreiben ersparen können.

Um herauszufinden, welche Gewohnheiten Sie beim Schreiben zurzeit haben, können Sie die Reflexionsübungen durchführen. Die Übungen fordern Sie auf, sich durch Fragen oder kurze Schreibaufgaben Aspekte Ihrer Schreibgewohnheiten bewusst zu machen. Dadurch setzen Sie einen Reflexionsprozess in Gang, der Sie bei der Veränderung dieser Gewohnheiten unterstützen kann. Sie können sich dafür ein Notizheft reservieren oder eine Datei auf dem Computer erstellen. Dadurch legen Sie Ihre Überlegungen an einem Ort ab und können sie später erneut lesen oder ergänzen.

Sollten Sie, nachdem Sie die zehn Schritte durchgearbeitet und umgesetzt haben, immer noch große Probleme mit dem Entwickeln einer Schreibroutine haben, finden Sie am Ende das Kapitel „Und was, wenn das alles nicht funktioniert wie geplant?“. Besonders Schreibende, die trotz Schreibzeitplan weiterhin aufschieben oder nicht vom Fleck kommen, finden darin Anregungen für weitere Schritte.

Und schließlich finden Sie am Ende die „Quintessenz der 10 Schritte“ in wenigen Sätzen beschrieben. Die Auflistung kann Ihnen bei der Orientierung innerhalb der zehn Schritte helfen oder Ihr Wissen über den Schreibzeitplan jederzeit auffrischen.

Zum Weiterlesen über ...

Theorien, Modelle und Forschungsergebnisse zu Zeit- und Selbstmanagement

- Boice, Robert (1990): Professors as Writers. A Self-Help Guide to Productive Writing. Stillwater: New Forums Press Inc.
- Riedenauer, Markus; Tschirf, Andrea (2012): Zeitmanagement und Selbstorganisation in der Wissenschaft. Ein selbstbestimmtes Leben in Balance. (UTB 3668). Wien: facultas wuv.

Schritt 1:
Motivation und Selbstverpflichtung

Reflexion: Automatisches Schreiben zur Motivation

Schreiben Sie fünf Minuten lang zu folgender Frage: *Warum will ich einen Schreibzeitplan erstellen?*

Schreiben Sie ohne lange zu überlegen oder zu planen. Setzen Sie wenn möglich während dieser fünf Minuten den Stift nicht ab bzw. nehmen Sie Ihre Finger nicht von der Tastatur. Schreiben Sie auf, was Ihnen in diesem Moment in den Sinn kommt, ohne das Geschriebene zu beurteilen oder zu löschen. Anders gesagt: Transkribieren Sie, was Ihnen zu der Frage in den Sinn kommt. Egal, ob es sich um unvollständige Sätze handelt oder Ihre Gedanken nicht immer Sinn machen, schreiben Sie. Schreiben Sie kontinuierlich, und falls Ihnen nichts einfällt, schreiben Sie, dass Ihnen nichts einfällt. Sie müssen nicht schnell schreiben, sondern lediglich den Stift oder die Finger in Bewegung halten. Sind die fünf Minuten verstrichen, lesen Sie Ihren Text und markieren die Wörter und Sätze, die Ihnen wichtig erscheinen. Womöglich werden Sie überrascht sein, was Sie geschrieben haben. Im Idealfall gibt Ihnen das Resultat dieser Übung Auskunft darüber, was Sie dazu motiviert, einen Schreibzeitplan zu erstellen.

Motivation

Die Motivation zu kennen, weshalb man sich der Arbeit annimmt, einen Schreibzeitplan zu erstellen, und sich den Herausforderungen stellt, wird sich als wichtiger Anker erweisen – besonders in schwierigen Phasen. Vergegenwärtigen Sie sich zu Beginn und immer wieder während des Prozesses Ihre Motivation. Vielleicht verändert sie sich im Laufe der Zeit oder Sie entdecken, dass sie grundlegender ist, als Sie bisher annahmen. Überprüfen Sie Ihre Motivation nicht dann und wann, könnte es sein, dass Sie sie vergessen und in schwierigen Zeiten nicht mehr reaktivieren können.

Sie könnten den Mut verlieren und den Schreibzeitplan aufgeben. Das Gegenteil ist da Ziel.

Welche Motivation könnte dahinter stecken, dass Sie einen Schreibzeitplan in Angriff nehmen? Absolvieren Sie ein Studium, ist Schreiben abhängig vom Fachbereich ein wichtiger Teil Ihrer Ausbildung. Es mag Ihnen so vorkommen, als müssten Sie schreiben. Das Ganze lässt sich aber auch von einer anderen Seite betrachten: Sie haben das Studium höchst wahrscheinlich aus eigenen Stücken begonnen und wollen sich Wissen und Kompetenzen aneignen. Schreiben bildet sowohl eine der Schlüsselkompetenzen des wissenschaftlichen Arbeitens, auf das Sie durch das Studium vorbereitet werden, als auch vieler Berufe (Frank/Haacke/Lahm 2007; Nünning 2008; Kruse 2010). Damit Sie sich Schreibkompetenzen aneignen können, ist es notwendig, dass Sie das wissenschaftliche Schreiben immer wieder üben. Ihre Motivation, einen Schreibzeitplan zu erstellen, hängt mit Ihrem Wunsch zusammen, sich als wissenschaftlich Schreibende oder Schreibender zu verbessern. Weil Sie dabei effizient vorgehen möchten, ohne Ihre Freizeit dafür zu opfern, streben Sie eine gute Zeitplanung an.

Vielleicht stehen Sie mitten in einer Abschluss- oder Qualifikationsarbeit, sei das Ihre Bachelor-, Master- oder Doktorarbeit. Sie sind mit Ihrer Arbeitsweise oder dem Arbeitsfortschritt unzufrieden und möchten daran etwas ändern. Ihre Motivation besteht darin, diese Unzufriedenheit in Zufriedenheit mit Ihrem Schreiben umzuwandeln. Es kann sein, dass Sie andere Schreibende kennen, die mit ihrem Arbeitsrhythmus zufrieden sind und genügend Zeit für andere Verpflichtungen haben. Es motiviert Sie zu sehen, dass sie es geschafft haben, und streben nach einer ähnlich geordneten Schreibsituation. Ähnlich ging es Katrin und Samuel (siehe Schritt 2), die durch andere inspiriert wurden und ihren eigenen Schreibzeitplan in Angriff nahmen.

Eine dritte Motivation könnte darin bestehen, dass Sie unterschiedliche Verpflichtungen unter einen Hut bringen müssen. Während Sie die meisten davon planen, tun Sie das fürs Schreiben noch nicht. Damit das Schreiben nicht vergessen geht, wollen Sie nun einen Zeitplan ausarbeiten. So ging es Andreas, der plante, während eines Jahres die Rohfassung seiner Qualifikationsarbeit zu entwerfen. Seine Anstellung und seine Familie mit zwei Kindern gaben ihm bereits einiges an zeitlicher Planung vor. Dies war unter anderem Grund dafür, dass er fürs Schreiben einen Plan anfertigen wollte.

Es gibt bestimmt noch andere Gründe, weshalb man sich einen Schreibzeitplan wünscht. Vergegenwärtigen Sie sich, welche Gründe das in Ihrem Fall sind und klären Sie Ihre Motivation. Dabei ist wichtig, dass die Motivation von Ihnen selbst kommt. Äußerer Druck, zum Beispiel durch die Umstände oder einen Auftraggeber, mag in manchen Fällen helfen, disziplinierter zu arbeiten. Aber wenn Sie für sich selbst nicht entscheiden können, ob und weshalb Sie einen Schreibzeitplan benötigen, werden Sie wahrscheinlich die Motivation nicht lange aufrechterhalten. Der Schreibzeitplan stellt ein Mittel dar, das Sie am besten freiwillig und aus eigener Motivation wählen.

Selbstverpflichtung

Falls Sie motiviert sind, Ihren persönlichen Schreibzeitplan zu finden, schlage ich vor, dass Sie sich dazu verpflichten. Sie übernehmen die Verantwortung für den Aufbau und die Aufrechterhaltung Ihres Schreibzeitplans. Sie verpflichten sich selbst, eine neue und zu Beginn fordernde Gewohnheit aufzubauen: nach Plan regelmäßig zu schreiben.

Diese Selbstverpflichtung können Sie auf verschiedene Arten zu einem gewissen Grad verbindlich machen. Als Basis dient zuerst, dass Sie sich selbst gegenüber verpflichten. Sie können diese Selbstverpflichtung beispielsweise in Ihrem eigens dafür reservierten Notizheft oder in Ihrer Computerdatei schriftlich festhalten. Es kann aber auch hilfreich sein, anderen Personen davon zu erzählen. Während die Motivation noch immer von Ihnen kommt, schadet es nicht, wenn Sie von Ihren FreundInnen und KommilitonInnen hin und wieder auf Ihren Schreibzeitplan angesprochen werden. Es geht zwar nicht darum, es Anderen Recht machen zu wollen. Wenn Sie jedoch merken, dass sich andere für Ihre Arbeitsweise interessieren, kann Sie das zusätzlich motivieren. Zudem geben Ihnen Nachfragen wiederholt Anlass, Ihr Vorhaben zu reflektieren.

Sie können noch einen Schritt weitergehen, indem Sie mit anderen Schreibenden eine Gruppe bilden, in der der Schreibzeitplan das einzige Thema bildet (dazu mehr in Schritt 5). Zu beobachten, wie andere ihren Schreibzeitplan verwirklichen und mit welchen Schwierigkeiten sie zu kämpfen haben, kann alle in der Gruppe in ihren Bestrebungen unterstützen.

Zum Weiterlesen über ...

Automatisches Schreiben

- Elbow, Peter (1998): Writing with Power. Techniques for Mastering the Writing Process. New York/Oxford: Oxford University Press. (Kap. I.2)
- Scheuermann, Ulrike (2012): Schreibdenken. Schreiben als Denk- und Lernwerkzeug nutzen und vermitteln. (UTB 3687). Opladen/Toronto: Verlag Barbara Budrich.
- Wolfsberger, Judith (2010): Frei geschrieben. Mut, Freiheit & Strategie für wissenschaftliche Abschlussarbeiten. (UTB 3218). Wien: Böhlau Verlag. (S. 141–142)

Schreiben als Schlüsselkompetenz

- Frank, Andrea; Haacke, Stefanie; Lahm, Swantje (2007): Schlüsselkompetenzen: Schreiben in Studium und Beruf. Stuttgart/Weimar: Verlag J. B. Metzler.
- Kruse, Otto (2010): Lesen und Schreiben. Der richtige Umgang mit Texten im Studium. (UTB 3355). Konstanz: UVK.
- Nünning, Vera (Hrsg.) (2008): Schlüsselkompetenzen: Qualifikationen für Studium und Beruf. Stuttgart/Weimar: Verlag J.B. Metzler.

Schritt 2:
Definieren, wie viel Zeit Sie brauchen

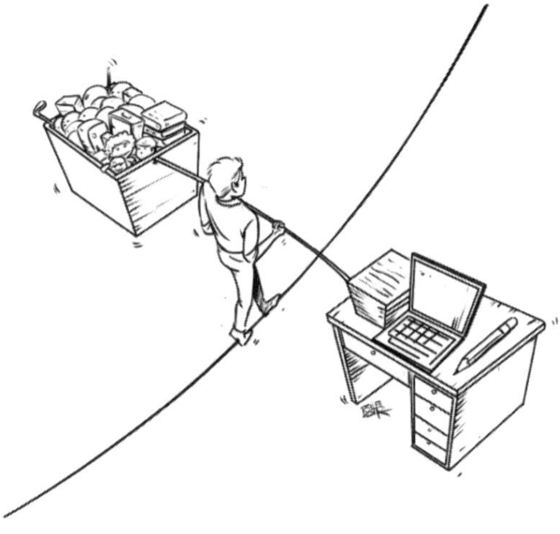

In Schritt 2 erstellen Sie einen Wochenplan (oder optimieren einen bestehenden), damit Sie wissen, an welchen Tagen Sie um welche Uhrzeit für wie lange schreiben. Ich stelle Ihnen zwei Hauptvorgehensweisen vor und zeige Ihnen, wie andere ihre Schreibsitzungen festgelegt haben. Mit Schreibsitzung meine ich das geplante und klar definierte Zeitfenster, in dem Sie schreiben.

Warum nicht auch das Schreiben planen?

Ein Wochenplan gibt Ihnen ein klares Arbeitsmuster vor, anhand dessen Sie sehen, wann Sie was tun. Studieren Sie, haben Sie einen Stundenplan, der Ihnen sagt, wann welche Vorlesungen und Seminare stattfinden. Unterrichten Sie an einer Schule oder Universität, dann werden Sie sich einen Plan Ihrer Veranstaltungen, Sitzungen und sonstigen Termine erstellen. Für verbindliche Aktivitäten mag es Ihnen einleuchten, weshalb Sie planen müssen. Weshalb nicht auch beim Schreiben?

Schreiben bildet einen wichtigen Teil Ihrer Ausbildung oder Ihres Berufs. Mit Schreiben meine ich nicht nur das eigentliche Verfassen eines Textes, sondern auch alle Arbeiten, die zur Vor- und Nachbereitung nötig sind (siehe Schritt 4). Deshalb ist es nicht abwegig, dieser bedeutenden Tätigkeit genauso Zeit einzuräumen wie für andere Aktivitäten. Unabhängig davon, ob Sie den Schreibzeitplan nur für eine begrenzte Zeit benötigen, weil Sie Ihre Abschlussarbeit schreiben, oder ihn langfristig verwenden wollen: In beiden Fällen lohnt es sich, mithilfe eines Wochenmusters regelmäßig zu schreiben. Es spielt dabei keine Rolle, wie viele Stunden Sie mit Schreiben verbringen. Viel wichtiger ist, dass Sie es regelmäßig tun. Wenn Sie in einem selbst definierten Rhythmus schreiben, wird das Schreiben zu einer Gewohnheit. Sie wissen immer, wann Sie schreiben, ohne sich Sorgen über verlorene oder fehlende Zeit machen zu müssen. Schreiben wird zu einer Routine, die sich allmählich in Ihren Arbeitsalltag eingliedert. Der Weg dahin mag phasenweise holprig sein. Das ist jedoch lediglich Ausdruck davon, dass Sie sich mit einer neuen Gewohnheit auseinandersetzen.

Während der Aufbau eines Schreibzeitplans ein schwieriges Unterfangen darstellen kann, hat er ebenso positive Wirkungen. Vielleicht gehören Sie zu denjenigen Menschen, die Schreibaufgaben hinauszögern, weil sie über keine Zeitplanung verfügen, und schließlich in intensiven, über Stunden dauernden Schreibphasen kurz vor Abgabefrist abarbeiten. Ich spreche von Schreibexzessen, die Sie auslaugen und kaum für die nächste Schreibaufgabe motivieren. Mit einem Schreibzeitplan können Sie solche Exzesse, die meistens am Abend, in der Nacht oder am Wochenende stattfinden, vermeiden. Ihr Zeitplan, vorausgesetzt er wird eingehalten, lässt es nicht zu Exzessen kommen, weil Sie die Schreibaufgabe stufenweise während den geplanten Schreibsitzungen und innerhalb der Frist erledigen. Es hängt nun davon ab, wie Sie Ihren Schreibzeitplan gestalten, damit Sie Ihre Freizeit, Wochenenden und Ferien nicht mit der Arbeit an Texten verbringen müssen – außer Sie wollen es so.

Ich schlage vor, dass Sie für die Planung Ihrer Schreibsitzungen die übliche Arbeitswoche und einen normalen Arbeitstag als Ausgangspunkt nehmen: Montag bis Freitag, 08:00 bis 18:00 Uhr. Entscheiden Sie selbst, ob Sie darüber hinaus Zeitfenster benötigen. Das hängt zum Teil von Ihren übrigen Verpflichtungen, aber auch Ihren Vorlieben für Arbeitszeiten und Ihrem Biorhythmus ab. Sind Sie jedoch unter anderem fürs Schreiben angestellt und bezahlt, dürfen Sie guten Gewissens Schreibsitzungen während Ihrer Arbeitszeit einbauen.

Negative Bestimmung Ihres Wochenplans

Die negative Bestimmung stellt eine von zwei Vorgehensweisen dar. Negativ ist hier aber nicht mit schlecht gleichzusetzen. Es handelt sich vielmehr um ein Ausschlussverfahren, mit dem Sie feststellen, wann Sie in Ruhe schreiben können. Es lohnt sich, wenn Sie schrittweise vorgehen. Alles auf einmal erledigen zu wollen, erweist sich nicht nur beim Schreiben als frustrierend oder gar unmöglich, sondern auch bereits beim Planen.

Nehmen Sie Ihre Agenda, Stundenpläne und anderen Zusammenstellungen mit Terminen zur Hand. Im Moment interessieren

Sie sich nur für wiederkehrende Termine, die zum Beispiel wöchentlich oder zweiwöchentlich anstehen. Beginnen Sie zuerst mit den Terminen und Verpflichtungen, denen Sie unbedingt nachkommen müssen und wollen: Ihre Arbeit, mit der Sie Geld verdienen; Lehrveranstaltungen und andere Kurse; Freizeitaktivitäten wie Klavierstunden oder Sport; und auch wiederkehrende Aktivitäten für und mit der Familie.

Erstellen Sie nun eine einfache Wochenübersicht (siehe Abb. 1 unten), auf der Sie pro Tag und für jede Stunde diese Termine und Aktivitäten eintragen können.

Anschließend notieren Sie alle Aktivitäten, die in festem Turnus wiederkehren, aber weniger wichtig und verbindlich als die vorherigen Termine sind. Vielleicht treffen Sie sich regelmäßig mit KommilitonInnen zum Kaffee oder Sie lesen immer zur gleichen Zeit die Zeitung in der Bibliothek. Was es auch ist, tragen Sie es in den Wochenplan ein. Falls es weitere Dinge gibt, die bisher nicht in Frage gekommen sind, erfassen Sie auch diese. Je genauer Sie den Wochenplan füllen, desto realistischer werden Sie Ihre Schreibsitzungen planen können. Sie wollen auf jeden Fall vermeiden, dass Sie etwas Wichtiges vergessen haben, das in zwei Wochen Ihren gesamten Schreibzeitplan durcheinander bringt.

Vor Ihnen liegt nun eine Wochenübersicht, die mit Aktivitäten und Terminen gefüllt ist. Überdenken Sie nun die Zusammenstellung und fragen Sie sich, welche Aktivitäten Sie verschieben, verkürzen oder ganz weglassen könnten. Berücksichtigen Sie dies im Hinblick darauf, wann Sie Ihre Schreibzeiten einplanen können. Denn nun müssen Sie herausfinden, an welchen Tagen und zu welchen Zeiten Sie wie lange für eine Schreibsitzung reservieren wollen. Das hängt unter anderem von folgenden Faktoren ab, die Sie beachten sollten:

Wann fühlen Sie sich wach und energiegeladen? Wann ist Ihre Tagesform am besten?

Wann können Sie ungestört arbeiten? Das heißt auch, wann können Sie es sich leisten, Ihre E-Mails nicht abzurufen, SMS nicht zu beantworten und Telefonate nicht entgegenzunehmen?

Wann können Sie sich im Hinblick auf das, was Sie vor- und nachher erledigen, auf eine Schreibaufgabe konzentrieren? Wann lenken Sie vorangegangene oder kommende Termine ab?

Kommen für Sie noch weitere Faktoren in Frage, ziehen Sie sie unbedingt in Betracht. Ihr Ziel sollte sein, Tage und Zeiten zu finden, an denen Sie sich Ihren Schreibaufgaben zu den für Sie besten Bedingungen widmen können. Es ist Ihre Schreibzeit, die Sie reservieren. Planen Sie nichts, von dem Sie bereits in der Planungsphase wissen, dass es nicht klappen wird. Seien Sie so realistisch und ehrlich wie möglich. Sie alleine müssen Ihren Schreibzeitplan einhalten können.

	Montag	**Dienstag**	**Mittwoch**	**Donnerstag**	**Freitag**
08:00	*Schreiben*	Arbeit		*Schreiben*	Arbeit
09:00		Arbeit	Lerngruppe	*Schreiben*	Arbeit
10:00	Vorlesung	Arbeit	Seminar		Arbeit
11:00	Vorlesung	Arbeit	Seminar	Sport	Oma (2-wö.)
12:00	Mittagessen	Mittagessen	Mittagessen	Mittagessen	Mittagessen
13:00	Seminar	Vorlesung		Vorlesung	*Schreiben*
14:00	Seminar	Vorlesung	Arbeit	Vorlesung	
15:00	Tutorium		Arbeit	Lerngruppe	
16:00	Sport	*Schreiben*	Arbeit		
17:00	Sport				
18:00			Kochen		Bandprobe

Abb.1: Beispiel einer Wochenübersicht

Positive Bestimmung Ihres Wochenplans

Bei der positiven Bestimmung Ihres Zeitplans starten Sie genau mit dem Punkt, mit dem die negative aufhört. Sie fragen sich, wann Sie gerne schreiben würden. Auch wenn die oben genannten Faktoren, die Sie beachten sollten, gleichermaßen gelten, geht es primär um Ihre Zeitwünsche. Schreiben Sie gerne früh am Morgen oder nach dem Mittagessen? Schreiben Sie am liebsten am Montag und Mittwoch oder lieber nur Ende der Woche? Bei dieser Herangehensweise dürfen Sie vorerst ohne Rücksicht auf andere Verpflichtungen entscheiden, wann Sie sich hinsetzen und schreiben wollen. Tragen Sie die gewünschten Schreibzeiten in eine leere Wochenübersicht ein.

Zweifellos müssen Sie Ihre Verpflichtungen einbeziehen. Aber der Zweck der positiven Bestimmung liegt darin, dass das Schreiben eine hohe Priorität in Ihrer Arbeitswoche erhält und Sie wann immer möglich Ihre übrigen Termine daran anpassen. Dieser Ansatz lohnt sich besonders, wenn Sie eine größere Schreibaufgabe wie eine Bachelor-, Master- oder Doktorarbeit planen. Eine solche Arbeit beansprucht einen Großteil Ihrer Zeit. Für Monate oder Jahre werden Sie ihr eine hohe Priorität zuschreiben müssen. Sie tun deshalb gut daran, Ihre Schreibzeit Ihren Wünschen entsprechend zu realisieren und zu verteidigen.

Kennen Sie Ihre Wunschzeiten fürs Scheiben, richten Sie andere Verpflichtungen wie Arbeit, Ausbildung und Freizeit falls realisierbar danach aus. In einigen Fällen wird Ihnen das besser gelingen als in anderen. Es geht darum, dass Sie Ihren Wünschen entgegenkommen. Können Sie sie nicht vollständig, sondern nur teilweise umsetzen, betrachten Sie dies trotzdem als Gewinn. Zeitpläne verändern sich immer wieder, also kommen Sie Ihrem idealen Schreibzeitplan vielleicht später einmal näher.

Sie können nun Ihre wiederkehrenden Termine und Verpflichtungen rund um Ihre Schreibsitzungen planen. Am Ende haben Sie einen Wochenplan, der Ihnen einerseits zeigt, wann Sie schreiben können, weil Sie dann schreiben wollen. Andererseits zeigt er Ihnen, wann Sie aufgrund anderer Verpflichtungen einen Kompromiss eingehen müssen.

Wie lange wollen Sie schreiben?

Die beiden Vorgehensweisen können Ihnen helfen, systematisch Ihre Schreibzeiten zu bestimmen. Sie werden selbst merken, ob Ihnen die eine oder andere Art besser liegt. Wenn Sie so vorgehen, machen Sie sich Ihre zeitlichen Ressourcen bewusst und erhalten einen klaren Überblick. Mit der Zeit werden Sie intuitiver planen und dabei beide Verfahren gemischt anwenden. Aber wie Sie auch vorgehen, eine realistische und umsetzbare Zeitplanung braucht Übung.

Erlauben Sie sich in den ersten Wochen mit Ihrer Planung zu experimentieren und beobachten Sie sich. Richten Sie einen klaren Blick auf Ihre Schreibgewohnheiten. Ihre Beobachtungen können Sie in einer Art Schreibtagebuch in Ihrem Notizheft oder Ihrer Datei festhalten.

Reflexion über längere Zeit

Halten Sie im Schreibtagebuch fest, wie Sie Ihren Schreibzeitplan umsetzen und was dabei funktioniert und was nicht. Notieren Sie, unter welchen Bedingungen Sie eine Schreibsitzung zufriedenstellend durchführen konnten und unter welchen nicht. Vielleicht finden Sie heraus, dass es wiederkehrende Umstände oder Gewohnheitsmuster gibt, die Sie beim Schreiben unterstützen oder bremsen (siehe auch die Reflexionsübung in Schritt 7). Ihre Beobachtungen bieten Ihnen also eine Basis zur Reflexion Ihrer Gewohnheiten und deren Veränderung. Sobald Sie Ihre Schreibsitzungen wie geplant einhalten können, werden sich auch die kleinen Erfolgserlebnisse und die Motivation einstellen.

Nehmen Sie diese Experimentier- und Beobachtungsphase nicht als Ausrede, Ihren Zeitplan jede Woche oder noch öfter zu verändern. Das könnte dazu führen, dass Sie diese Phase ausdehnen und zu keinem (vorläufig) verbindlichen Schreibzeitplan finden. Um das regelmäßige Schreiben als neue Gewohnheit kultivieren zu können, müssen Sie sich über längere Zeit an einen Plan halten.

Nur so finden Sie heraus, wo es noch Probleme gibt, die Ihrem Vorhaben im Weg stehen und die Sie lösen müssen. Geben Sie also nicht gleich beim ersten Anzeichen von Widerstand auf. Finden Sie stattdessen heraus, wann und wieso Schwierigkeiten auftauchen. Vielleicht sind es lediglich die natürlichen Reflexe Ihrer alten Gewohnheiten, die Sie zu verändern versuchen.

Je nach Planungsvorgehen, wird sich die Dauer Ihrer Schreibsitzungen entweder von selbst ergeben oder Sie bestimmen sie. Oft denken Schreibende, dass sie Zeitblöcke von mehreren Stunden benötigen, um richtig ins Schreiben zu kommen und Konzentration aufzubauen. Häufig zeigt sich aber, dass ihnen nie so viel Zeit zur Verfügung steht. Aus diesem Grund meinen sie, keine Zeit fürs Schreiben zu haben. In der Regel stellt sich heraus, dass dies nur eine, wenn auch hartnäckige Ausrede ist (siehe Schritt 9). Würden sie ihre Gewohnheiten verändern, könnten sie in vielen Fällen auch für kürzere Zeit schreiben.

Wenn Sie also der Meinung sind, dass Sie ganze vier Stunden zum Schreiben benötigen, Sie aber unter der Woche über kein so großes Zeitfenster verfügen, so überdenken Sie Ihre Zeitbedürfnisse. Vielleicht reicht Ihnen mit etwas Übung eine Stunde aus. Oder es geht Ihnen wie einigen der KlientInnen von Robert Boice (1990: 14), die mit nur kurzem, regelmäßigem Schreiben mehr produziert haben als erwartet (der Psychologe B. F. Skinner spricht sogar von nur 15 Minuten für den Anfang; Skinner 1997: 80). Deshalb nochmals: Es spielt keine große Rolle, wie lange Sie schreiben, sondern dass Sie es regelmäßig tun. Im Extremfall folgen Sie sogar dem Motto „Nulla dies sine linea“ – kein Tag ohne Linie –, das nicht nur für KünstlerInnen, sondern auch für Schreibende seine Gültigkeit haben kann (siehe Trollope 1999: 227; Skinner 1997: 80; Murray 2004: 26).

Bevor Sie die Dauer Ihrer Schreibsitzungen bestimmen, sollten Sie folgende Fragen beachten:

> *Wie lange können Sie fokussiert schreiben, ohne zu ermüden?*
> *Wann ist Ihre Energie aufgebraucht und wird die Arbeit zur Belastung?*
> *Wie lange sind Sie motiviert zu schreiben?*

Schreibende neigen dazu, bei Ihrem ersten Zeitplan zu lange Schreibsitzungen zu planen. Sie nehmen sich vier Stunden vor, weil sie gerne so lange schreiben möchten oder weil sie denken, dass sie so viel Zeit für die Bewältigung der Schreibaufgabe benötigen. Nach einer oder eineinhalb Stunden schreiben stellen sie jedoch fest, dass sie bereits ausgelaugt sind und keinesfalls weitere drei Stunden, wie geplant, arbeiten können. Entweder sie brechen die Schreibsitzung frühzeitig ab oder sie beginnen andere, nicht geplante Aufgaben zu verfolgen. Damit riskieren sie, sich zu verzetteln. In beiden Fällen werden sie frustriert sein, weil sie ihr Ziel nicht erreicht haben. Womöglich graut es ihnen bereits vor der nächsten langen Schreibsitzung.

Michelle beispielsweise orientierte sich an ihren KollegInnen, die scheinbar den ganzen Tag an ihrer Arbeit schreiben konnten. Sie versuchte ebenso lange zu schreiben, merkte jedoch bald, dass sie bereits nach wenigen Stunden müde war und sich nicht mehr konzentrieren konnte. Sie zweifelte an ihren Fähigkeiten, weil sie die Einzige zu sein schien, die nicht den ganzen Tag fokussiert arbeitete. Sie meinte, dass die Arbeitsweise der anderen Schreibenden normal sei und nahm sich diese als Vorbild. Inzwischen hat Michelle ihre Ansichten und eigene Arbeitsweise reflektiert und ist zu dem Schluss gekommen, dass es sie demotiviert, einem (vermeintlichen) Ideal nachzujagen. Sie legt nun selbst fest, wie lange sie schreiben will und kann, unabhängig davon, wie andere arbeiten.

Wählen Sie die Dauer Ihrer Schreibsitzungen so, dass Sie aufhören, bevor Sie ermüden. Schreiben Sie weiter, obwohl Sie schon lange müde sind und kaum mehr vorwärts kommen, riskieren Sie, dass Sie Schreiben mit Ermüdung gleichsetzen. In diesem Fall werden Sie kaum motiviert sein zu schreiben. Wird das Schreiben zu einer deprimierenden Aktivität, hilft Ihnen der beste Zeitplan nicht weiter. Damit ist nicht gemeint, dass Schreiben keine herausfordernde, wenn nicht gar schwierige Angelegenheit ist (siehe Keyes 2003; Zinsser 2006; Kruse 2007). Das liegt in der Sache selbst. Aber herausfordernd und schwierig heißt nicht automatisch auch frustrierend.

Richten Sie die Dauer Ihrer Schreibsitzungen also sowohl nach Ihren Bedürfnissen als auch Ihrer Ausdauer aus. Sie tun sich einen Gefallen, sofern Sie bei der Planung realistisch bleiben. Lassen Sie sich von anderen Schreibenden diesbezüglich inspirieren, aber versuchen Sie nicht, deren Pläne zu kopieren. Ihr Schreibzeitplan und speziell die Planung Ihrer Schreibsitzungen funktioniert nur, wenn sie auf Sie abgestimmt sind.

Falls Sie nicht jede Schreibsitzung alleine verbringen möchten, können Sie mit anderen SchreibzeitplanerInnen gemeinsame Sitzungen vereinbaren. Amelia trifft sich beispielsweise einmal die Woche mit einer Kollegin zu einer Schreibsitzung. Sie kann sich dadurch besser zum Schreiben motivieren, gerade auch in den kommenden Schreibsitzungen, in denen sie alleine ist. Während der Sitzung arbeiten beide für die geplante Zeit an ihren Aufgaben. Sie tauschen sich nur vor- und nachher aus, nicht aber während der Sitzung.

Puffer und Pausen

Bei all der Planung vergessen Sie bitte zwei Dinge nicht: Pausen und Pufferzeiten. Ist Ihr Wochenplan mit unzähligen Terminen und Verpflichtungen dicht gefüllt, sollten Sie darauf achten, die Schreibzeiten nicht nahtlos an andere Termine zu legen. Es könnte zum Beispiel sein, dass Termine länger dauern als geplant und dadurch Ihre Schreibsitzungen in Mitleidenschaft gezogen werden. Genau das versuchen Sie, mit dem Schreibzeitplan zu verhindern. Bauen Sie wann immer möglich Pufferzeiten zwischen Terminen und Ihren Schreibsitzungen ein. Falls Sie deshalb eine Schreibsitzung um 15 Minuten kürzer vorsehen müssen, ist das besser, als wenn Sie sie regelmäßig wegen einem vorhergehenden Termin zu spät beginnen. Gönnen Sie sich mit dem Puffer lieber eine Verschnaufpause, in der Sie entspannen und sich auf die anstehende Aufgabe ausrichten können.

Angenommen Sie planen mehrstündige Schreibsitzungen, vergessen Sie nicht Pausen zu reservieren. Kaum jemand arbeitet drei oder vier Stunden durch. Darunter leidet die Konzentrationsfähigkeit. Setzen Sie deshalb wiederholt kürzere und längere Pausen fest. Bauen Sie zum Beispiel pro Stunde fünf bis zehn und alle zwei Stunden 15 oder 20 Minuten Pause ein, in denen Sie sich bewegen und Ihre Augen entspannen können. Sie wissen selbst Bescheid, wann Sie Pausen benötigen. Achten Sie auf die Signale Ihres Körpers, der Ihnen sagt, wann er Erholung braucht (brennende Augen, Müdigkeit, steife Glieder etc.).

Zwei Beispiele von Schreibzeitplänen

Beispiele anderer Schreibender können neue Impulse für den eigenen Schreibzeitplan geben. Sie können verdeutlichen, dass ein Schreibzeitplan angepasst werden muss, sobald sich die Umstände ändern. Deshalb möchte ich Ihnen zwei verschiedene Zeitpläne und deren Entstehung vorstellen. Die Beispiele basieren auf den Erfahrungen von realen Personen, die ich beraten habe.

Katrin kam zu mir in die Schreibberatung, weil sie die Fertigstellung ihrer Qualifikationsarbeit seit Längerem hinausschob. Sie arbeitete zwar daran, kam aber kaum vorwärts, weil sie sich regelmäßig verzettelte. Sie folgte keinem klaren Arbeitsplan. In der Vergangenheit war es immer wieder zu stundenlangen Schreibsitzungen gekommen, nach denen sie erneut über Tage oder Wochen kaum oder gar nicht an der Arbeit geschrieben hatte. Sie sagte, dass sie den Druck der Abgabefrist benötige, um schreiben zu können. Sie wünschte sich aber, dass sie von diesen wenig hilfreichen Schreibgewohnheiten wegkommen und sich bessere aneignen kann.

Gemeinsam schauten wir ihre Bedürfnisse und Verpflichtungen an und erstellten einen vorläufigen Schreibzeitplan. Anfangs wollte sie jeden Tag schreiben. Das war ihr Ideal, denn sie hatte sich selbst das Ziel gesetzt, in sechs Monaten den ersten Entwurf ihrer Arbeit fertig zu haben. Eine Schreibsitzung dauerte für sie zwei bis drei Stunden.

In den ersten Wochen mit dem Zeitplan musste Katrin feststellen, dass sie es nicht schaffen würde, jeden Tag zu schreiben. Es gab bestimmte Tage, an denen sie zu viele andere Dinge zu erledigen hatte, so dass Schreiben nicht in Frage kam. Mit der Zeit verschoben sich deshalb ihre Schreibsitzungen auf Montag und Dienstag. Sie blieb bei den drei Stunden Dauer der Schreibsitzungen, obwohl sie nie die ganze Zeit konzentriert schreiben konnte.

Ihre Tendenz aufzuschieben und sich zu verzetteln, ist nicht verschwunden. Sie hat sich aber während eines halben Jahres kontinuierlich mit ihrem Schreibzeitplan und ihren Gewohnheiten auseinandergesetzt und ihrer Meinung nach Fortschritte gemacht.

Samuel war Doktorand und arbeitete wann immer möglich an seiner Forschung. Neben dem Doktorat hatte er jedoch einen Nebenjob, eine Familie mit Kind und war als selbstständiger Unternehmer tätig. Damit er regelmäßig an seiner Dissertation arbeiten konnte, setzte er einen Schreibzeitplan um.

Er nahm sich vor, unter der Woche jeden Tag am Vor– und Nachmittag eine Stunde zu schreiben. Er konnte seinen Plan einige Monate gut einhalten und war mit dem Fortschritt seiner Arbeit zufrieden. Als er eine größere Teilaufgabe beendet hatte, gelang es ihm aber nicht mehr, den Rhythmus aufrechtzuerhalten. Er passte deshalb seinen Zeitplan an, zumal sich auch seine Arbeitssituation verändert hatte. Seine allmorgendliche Schreibsitzung hielt er durch, vorausgesetzt die anderen Verpflichtungen ließen es zu. Die Schreibsitzung am Nachmittag war nicht mehr obligatorisch. Er musste nun herausfinden, wie er seine Schreibsitzungen in der Arbeitswoche verteilen sollte, damit er mit dem Arbeitsrhythmus und -fortschritt erneut zufrieden sein konnte. Als ich ihn ein halbes Jahr später erneut fragte, berichtete er, dass er seither mehrere Zeitplanvarianten ausprobiert und erneut angepasst hat, weil sie zu ambitioniert waren. Er lässt sich deshalb nicht entmutigen und versucht einen gewissen Schreibrhythmus aufrechtzuerhalten, bis er erneut einen funktionierenden Plan erstellen kann. Für seine andere Arbeit, für die er ebenso schreiben muss, kann er jedoch seine Kenntnisse in Sachen Zeitplanung gut anwenden.

Die zwei Beispiele zeigen, dass es trotz anderer Verpflichtungen möglich ist, sich Zeit fürs Schreiben zu reservieren. Das erste Beispiel verdeutlicht, dass es eine Phase des Ausprobierens braucht, bis ein praktikabler Schreibzeitplan steht – selbst wenn dieser noch nicht ganz umgesetzt werden kann. Das zweite Beispiel verdeutlicht demgegenüber, dass ein Schreibzeitplan aufgrund von Veränderungen angepasst werden muss, damit er weiterhin die Schreibroutine unterstützen kann.

Weiter schreiben erlaubt

Haben Sie Ihren eigenen Schreibzeitplan vorläufig gefunden, beginnen Sie sofort mit der Umsetzung. Welche Art von Schreibaufgabe auch ansteht, erledigen Sie sie im Rahmen Ihres Plans (mehr dazu in Schritt 4). Schreiben Sie stets dann, wenn Ihnen der Schreibzeitplan sagt, dass Schreibzeit ist. Halten Sie sich stur für die nächsten drei bis vier Wochen daran. Sie werden herausfinden, wie es Ihnen dabei geht und welche Anpassungen Sie nach dieser Phase vornehmen müssen. Womöglich haben Sie zu idealistisch geplant und merken nun, dass Sie nicht für die vorgesehene Dauer fokussiert schreiben können. Oder Sie merken, dass Sie länger als die geplante Stunde konzentriert sind und deshalb Ihre Schreibsitzungen ausdehnen wollen. Stellen Sie fest, dass Sie am Montagvormittag die Schreibsitzung nur mit Mühe durchstehen können, wäre eine Anpassung sinnvoll.

Es wird vorkommen, dass Sie eine Sitzung nicht einhalten können. Dafür gibt es immer wieder Gründe (nicht verschiebbare Termine, Krankheit, unvorhergesehene Ereignisse). Aber versuchen Sie Ihr Möglichstes, den Plan einzuhalten. Wir Schreibende erfinden immer wieder Ausreden, warum wir gerade heute nicht schreiben können (siehe Schritt 9). Lassen Sie die schlechte Angewohnheit nicht aufkommen, Ausreden zu erfinden und nicht zu schreiben. Der Schreibzeitplan ist dafür da, dass Sie sich trotz Ausreden hinsetzen und schreiben (siehe Murray 2004: 25).

Bei allem, was Sie in diesem Kapitel gelernt und bereits umgesetzt haben, bleibt ein wichtiger Punkt zu nennen: Ist eine Schreibsitzung zu Ende und Sie haben noch Zeit und Energie, dürfen Sie selbstverständlich weiterschreiben. Der Schreibzeitplan sagt Ihnen nur, wann Sie schreiben müssen. Er verbietet Ihnen nicht, auch außerhalb der geplanten Sitzungen zu schreiben. Aber: Nehmen Sie diese außerplanmäßigen Schreibsitzungen nicht zum

Anlass, eine geplante Sitzung auszulassen – niemals (Silvia 2007: 44–45). Auch wenn Sie am Wochenende lange und viel geschrieben haben, wartet dennoch die nächste Schreibsitzung, womöglich bereits am Montagmorgen, auf Sie. Riskieren Sie also nicht, Ihre neu erworbene, gute Gewohnheit durch eine schlechte zu untergraben.

Zum Weiterlesen über ...

kurze Schreibzeiten

- Boice, Robert (1990): Professors as Writers. A Self-Help Guide to Productive Writing. Stillwater: New Forums Press Inc. (Kap. 6)
- Skinner, B. F. (1997): How to Discover What You Have to Say. A Talk to Students. In: Bolker, Joan (Hrsg.): The Writer's Home Companion. An Anthology of the World's Best Writing Advice, from Keats to Kunitz. New York: Henry Holt and Company, S. 76–91.

die Schwierigkeiten des Schreibens

- Keyes, Ralph (2003): The Courage to Write. How Writers Transcend Fear. New York: Henry Holt and Company.
- Kruse, Otto (2007): Keine Angst vor dem leeren Blatt. Ohne Schreibblockaden durchs Studium. Frankfurt a. M.: Campus Verlag.
- Zinsser, William (2006): On Writing Well. New York: Collins.

Schritt 3:
Schreibaufgaben bestimmen und Prioritäten setzen

Sie wissen nun, wann Sie sich an Ihren Arbeitsplatz setzen und wie lange Sie sich dem Schreiben widmen. Um überhaupt an etwas arbeiten zu können, benötigen Sie Schreibaufgaben und Angaben dazu, bis wann diese fertiggestellt sein sollen. Dafür eignet sich eine Liste, auf der Sie alle relevanten Informationen zusammentragen.

Was ist eine Schreibaufgabe?

Als Erstes erstellen Sie eine Liste der aktuellen Schreibaufgaben, für die Sie einen Text verfassen müssen. Für gewisse Aufgaben werden Sie voraussichtlich nur wenige Stunden oder Tage benötigen. Für andere hingegen werden Sie Wochen, Monate oder sogar Jahre brauchen. Schreiben Sie sie, ohne bereits zu bewerten, auf. Als Schreibaufgaben können folgende Textsorten vorkommen:

- studentische Hausarbeit
- Protokoll
- Essay
- Laborbericht
- Zusammenfassung
- Literaturübersicht
- Buchbesprechung
- Bachelor- und Masterarbeit (oder äquivalente Abschlussarbeit)
- Dissertation
- Habilitation
- Buch
- Forschungsartikel für eine wissenschaftliche Zeitschrift
- Konferenzabstract
- Förderantrag
- Bewerbungsschreiben u.v.m.

Von weniger als einer Seite bis hin zu einem ganzen Buch gilt alles als Schreibaufgabe, wofür Sie Zeit zum Planen, Schreiben und Überarbeiten benötigen. Nur der Einkaufszettel, die SMS u.ä. gehören nicht dazu. Sie bestimmen, welche Schreibaufgaben wichtig sind und Sie in Ihre Planung aufnehmen. Denn dann schenken Sie ihnen gebührend Aufmerksamkeit und Zeit und sehen zu, dass Sie die Aufgaben fristgerecht fertigstellen. Falls letzteres einmal nicht der Fall sein sollte, können Sie zumindest überprüfen, weshalb Ihre Zeitplanung nicht aufgegangen ist.

Zeitlicher Aufwand und Fristen

Liegt Ihnen Ihre Liste der aktuellen Schreibaufgaben vor, versuchen Sie den zeitlichen Aufwand für jede Aufgabe abzuschätzen. Dieser Schritt erweist sich für viele Schreibende als schwierig bis scheinbar unmöglich. Wenn Sie längere Zeit mit dem Schreibzeitplan gearbeitet haben, wird es Ihnen jedoch leichter fallen. Ob Sie nun wenig oder viel Übung damit haben, versuchen Sie in etwa einen zeitlichen Rahmen zu definieren. Es geht nicht darum, dass Sie am Ende genau die geschätzte Zeit verwendet haben. Aber sie erlaubt Ihnen zum einen, sich selbst einen Rahmen zu geben, damit Sie die Schreibaufgabe in nützlicher Frist beenden können – vor allem, wenn Sie die Frist selbst setzen müssen. Sie schützen sich damit vor Schreibaufgaben, die nie ein Ende zu finden scheinen, und vor Perfektionismus. Deshalb gehören Fristen zu den besten Freunden von Schreibenden, wie es Zerubavel (2001: 89) formuliert. Zum anderen erlaubt Ihnen der Vergleich der tatsächlich benötigten mit der geschätzten Zeit zu ermitteln, ob Sie für das nächste Mal anders planen müssen. Sie sammeln so nützliche Erfahrungen.

Sollten Sie zeitliche Vorgaben wie etwa bei Hausarbeiten oder der Bachelor- und Master-Arbeit oder aber Angaben darüber, wie viele Stunden eine Schreibaufgabe im Durchschnitt benötigt, erhalten, können Sie damit rechnen. Stehen Ihnen für eine Hausarbeit beispielsweise drei Monate Zeit zur Verfügung, heißt das nicht, dass Sie nun drei Monate jeden Tag acht Stunden an der Aufgabe arbeiten. Versuchen Sie abzuschätzen, wie viele Stunden Sie mit welchen Teilaufgaben verbringen wollen, damit Sie innerhalb der gesetzten Frist fertig werden. Das hängt unter anderem davon ab, welche anderen Schreibaufgaben Sie in der gleichen Zeit zu bewältigen haben.

Da Sie wissen, an welchen Tagen Sie wie lange schreiben, können Sie den zeitlichen Aufwand in Anzahl benötigter Schreibsitzungen abschätzen. Planen Sie grundsätzlich mehr Zeit bzw. Schreibsitzungen ein, damit Sie einen Puffer haben, falls Sie nicht so schnell voranschreiten wie angenommen oder Ihnen andere Dinge dazwischen kommen. Haben Sie bisher kaum Schreiberfahrungen gesammelt, kalkulieren Sie beispielsweise ein Drittel oder gar die Hälfte mehr an Zeit ein. Mit jeder neuen Schreibaufgabe sammeln Sie Erfahrungswerte und können damit die benötigte Zeit realistischer planen. Doch auch viel Schreiberfahrung schützt Sie nicht immer davor, von Neuem realistisch und ehrlich zu planen – besonders dann, wenn Sie mit neuen Textsorten, anderen Sprachen oder auch veränderten Umständen konfrontiert sind.

Denken Sie daran, dass eine Schreibaufgabe nicht nur Schreiben als solches beinhaltet. Um einen Text zu produzieren, durchlaufen Sie unterschiedliche Phasen: Konzept erstellen und Fragestellung definieren; Material sammeln und durchlesen; Rohfassung des Textes schreiben; Überarbeitung in mehreren Schritten und schließlich die Abgabe (siehe Kruse 2007: Kap. 5; Scheuermann 2012: Kap. 3). Rechnen Sie für jede dieser Phasen ausreichend Zeit bzw. Schreibsitzungen ein. Besonders die Überarbeitungsphase, die wiederum in Teilphasen gegliedert werden kann, benötigt mehr Zeit als gemeinhin angenommen wird – von einem Viertel bis sogar zur Hälfte der Gesamtzeit (Kruse 2007: 248; Scheuermann 2012: 47f.). Schreiben heißt vor allem überarbeiten (Murray 2004).

Prioritäten setzen

Als nächstes bestimmen Sie die Prioritäten der Schreibaufgaben. Hierzu bieten sich mehrere Kriterien an, mit denen Sie die Prioritäten festlegen können: Dringlichkeit, d.h. es gibt klare Abgabefristen; Aufwand, d.h. wie viel Zeit eine Aufgabe in Anspruch nimmt; und Interesse, d.h. woran Sie am liebsten arbeiten. Sind für Sie andere Kriterien von Bedeutung, wenden Sie diese an. Wählen Sie selbst, welches Kriterium für Sie im Moment am wichtigsten ist. Verändern Sie die Liste, verändert sich vielleicht auch das

Kriterium. Womöglich ergibt es sich auch, dass Sie zwei Kriterien zugleich anwenden (z.B. Dringlichkeit und Aufwand). Die Priorisierung der Schreibaufgaben muss Ihnen dienen und erlauben, die Aufgaben in der gewünschten Frist zufriedenstellend abzuschließen.

Schreiben Sie die Prioritäten neben die Schreibaufgaben auf der Liste. Dazu eignen sich zum Beispiel Zahlen (1., 2. etc.), Buchstaben (A, B etc.) oder Attribute wie „hoch“, „mittel“ und „niedrig“. Alternativ können Sie die Aufgaben auch nach Priorität ordnen. Sie können jederzeit die Priorisierung anpassen, denn wie Ihr Schreibzeitplan ist sie nicht in Stein gemeißelt.

Die Liste sagt Ihnen nun, welche Schreibaufgaben anstehen, wie viel Zeit sie erfordern, bis wann sie erledigt sein müssen und schließlich welche Priorität sie für Sie einnehmen (siehe Abb. 2). Es kann sein, dass sich zu einem Zeitpunkt nur zwei bis drei Aufgaben auf der Liste befinden. Zu einem anderen sind es aber ein halbes Dutzend oder mehr. Sie müssen selbst herausfinden, wie viele Schreibaufgaben Sie zugleich auf der Liste haben wollen oder können, ohne sich zu überfordern. Das hängt auch davon ab, wie viele Aufgaben eine hohe Priorität haben. Wie Sie später sehen werden, erlaubt Ihnen der Schreibzeitplan an mehreren Aufgaben parallel zu arbeiten, ohne den Überblick zu verlieren. Ich persönlich arbeite an drei bis fünf Schreibaufgaben parallel, wobei eine bis zwei hohe Priorität besitzen, während die anderen langfristige oder für mich weniger wichtige Projekte sind.

Schreibaufgabe	**Aufwand**	**Frist**	**Priorität**
Protokoll	4 Sitzungen	5. Mai	1
Essay	10 Sitzungen	31. Mai	2
Hausarbeit	80 Sitzungen (3 Monate)	31. August	3
Konzept BA-Arbeit	15 Sitzungen	15. August	4

Abb. 2: Beispielliste von Schreibaufgaben

Die Liste, Ihre ständige Begleiterin

Haben Sie Ihre Liste mit allen Angaben versehen, die Ihnen wichtig sind, dann platzieren Sie die Liste an einem gut sichtbaren Ort an Ihrem Arbeitsplatz. Sie können die Liste ausdrucken und an die Wand hängen, sie als Bildschirmhintergrund auf Ihrem Computer verwenden (besonders praktisch, wenn Sie keinen festen Arbeitsplatz besitzen), sie auf ein Whiteboard schreiben oder auf eine andere Art darstellen. Sie sollten Sie aber immer wieder sichten, damit Sie einerseits nicht vergessen, was Sie noch zu erledigen haben. Andererseits können Sie so stets kontrollieren, ob die Liste aktuell ist oder angepasst werden muss.

Wie mit anderen Dingen, die man oft sieht, werden Sie sich bald an die Liste gewöhnen. Aber spätestens wenn Sie Ihre prioritäre Schreibaufgabe beendet und eine neue Aufgabe an erster Stelle gesetzt haben, wird Ihnen die veraltete Liste auffallen.

Die Liste gibt nur über die Schreibaufgaben als Gesamteinheiten einen Überblick. Jede Schreibaufgabe lässt sich noch in kleinere Teile gliedern, wie der nächste Schritt zeigt.

Zum Weiterlesen über ...

den Schreibprozess

- Kruse, Otto (2007): Keine Angst vor dem leeren Blatt. Ohne Schreibblockaden durchs Studium. Frankfurt a. M.: Campus Verlag. (Kap. 5)
- Scheuermann, Ulrike (2012): Schreibdenken. Schreiben als Denk- und Lernwerkzeug nutzen und vermitteln. (UTB 3687). Opladen/Toronto: Verlag Barbara Budrich. (Kap. 3)

Textüberarbeitung

- Murray, Donald M. (2004): The Craft of Revision. Boston: Thomson Wadsworth.

Schritt 4:
Aufgaben und Ziele definieren

Reflexion: Eine neue Schreibaufgabe

Versetzen Sie sich in den Moment, wenn Sie eine Schreibaufgabe erhalten haben bzw. anfangen. Was geht Ihnen durch den Kopf? Was sind Ihre ersten Reaktionen, wenn Sie mit einer neuen Schreibaufgabe konfrontiert werden? Reagieren Sie immer auf gleiche Weise oder können Sie Unterschiede feststellen, je nach dem von wem die Aufgabe kommt, welcher Art sie ist, wie viel Zeit sie in Anspruch nehmen wird oder wie groß Ihr Interesse ist? Inwiefern prägt Ihre Reaktion den Verlauf der Aufgabenbearbeitung?

Mit diesen Fragen können Sie beobachten, welche gewohnheitsmäßigen Einstellungen Sie haben. Sie können herausfinden, welche sich als hilfreich oder abträglich erweisen, und erstere gezielt pflegen.

Eine Schreibaufgabe, mag sie noch so klein sein, kann unter Umständen wie ein großes, kaum überwindbares Hindernis, wie ein Berg wirken. Bereits beim bloßen Daran-Denken, wie hoch der Berg ist, wird Ihnen mulmig. Es gibt so viele Dinge zu tun, bis Sie den Text geschrieben haben, dass Sie kaum wissen, wo Sie anfangen sollen. Aus diesem Grund zögern Sie vielleicht den Arbeitsbeginn heraus. Oder Sie verzetteln sich und kommen zu keinem Ende, weil Sie zu viel auf einmal in Angriff nehmen. Dieses Kapitel zeigt Ihnen, wie Sie den Berg Arbeit, der vor Ihnen liegt, bezwingen können, ohne aufzuschieben, sich zu verlieren oder gar abzustürzen.

Ob eine Schreibaufgabe mit kleinem oder großem Aufwand verbunden ist, sie kann stets in Teilaufgaben und -ziele zergliedert werden. Anstatt sich wiederholt der Aufgabe Hausarbeit, Bachelor-Arbeit oder Dissertation zu stellen und sich vor deren Umfang zu fürchten, widmen Sie sich schrittweise kleinen Teilen. Um erneut die Metapher des Berges zu bemühen: Sie bezwingen den Berg nur, wenn Sie Ihn etappenweise hinaufsteigen. Zerubavel (2001: 36) spricht von einem Berg mit Treppen. Niemand startet im Tal und rennt in einem Mal bis auf die Spitze – selbst professionell Schreibende nicht.

Der Schreibzeitplan erlaubt Ihnen, die verschiedenen Schreibaufgaben herunter zu brechen, schrittweise zu bearbeiten und den Überblick zu behalten. Dazu bieten sich verschiedene Wege an. Welchen Sie wählen, müssen Sie entscheiden.

Kleinteilig, erreichbar, motivierend

Als ersten Schritt können Sie sich vergegenwärtigen, dass eine Schreibaufgabe in mehrere Phasen unterteilt werden kann (wie in Schritt 3 angesprochen). Sie müssen also nicht gleich von heute auf morgen mit der Niederschrift der endgültigen Textfassung beginnen. Während die Phasen des Schreibens als lineare Abfolge erscheinen können – Konzept erstellen, Material suchen und lesen, Rohfassung schreiben, überarbeiten, Endredaktion und Abgabe –, sollten Sie nicht vergessen, dass es sich in der Regel um einen zirkulären Prozess handelt (Kruse 2007: 114–115). Die lineare Abfolge stellt nur ein Modell dar. In Wirklichkeit wechseln sich die Phasen wiederholt ab – z.B. Material suchen, schreiben, überarbeiten, weiteres Material anschauen, schreiben, überarbeiten, Konzept überdenken, überarbeiten –, bis Sie schließlich bei der Schlussredaktion des Textes ankommen. Genau aus diesem Grund wollen Sie den Überblick über die einzelnen, sich abwechselnden und wiederholenden Schritte behalten.

Teilen Sie den Schreibprozess in Phasen ein, kann Ihnen das bereits eine große Last von den Schultern nehmen: Sie nehmen nicht die ganze Arbeit in Angriff, sondern schreiben Ihre Ideen mithilfe eines Brainstormings nieder, sammeln Material zum Analysieren oder schreiben die Rohfassung eines Kapitels. Aber auch eine einzelne Prozessphase mag Sie noch überwältigen und deshalb tun Sie gut daran, auch diese Phase in kleine Teile zu gliedern – bis hin zu kleinen Abschnitten, mit denen Sie sich von Schreibsitzung zu Schreibsitzung beschäftigen.

Für die Bestimmung von Aufgaben und Zielen, sollten Sie sich im Klaren darüber sein, was Sie tun müssen. Es kann sein, dass Sie nicht genau wissen, worüber Sie in einem Kapitel schreiben wollen. In diesem Fall geben Sie sich die Aufgabe, das herauszufinden. Beginnen Sie eine Schreibsitzung, sollten Sie also genau wissen, welche Aufgabe Sie in der geplanten Zeit bearbeiten oder welches Teilziel Sie erreichen möchten. Sich darüber im Klaren zu sein, ist zentral für das erfolgreiche Umsetzen des Schreibzeitplans.

Gestalten Sie die Aufgaben und Ziele so kleinteilig, dass Sie sie im Rahmen einer Schreibsitzung erreichen können. Der Grund dafür ist einfach: Wenn Sie sich zu hohe Ziele für Ihre Schreibsitzungen setzen und sie wiederholt nicht verwirklichen, bringt das nicht nur Ihren Plan durcheinander, sondern wird Sie auch zunehmend von der Verfolgung des Plans abhalten. Eine realistische Aufgabenstellung oder Zielsetzung wird Ihnen demgegenüber kleine Erfolgserlebnisse verschaffen und Sie zum Weitermachen motivieren. Halten Sie die Aufgaben und Ziele deshalb überschaubar und bewältigbar. Dann werden Sie Ihre Motivation nicht durch Frustration verlieren.

Was sind Aufgaben und Ziele?

Abhängig von der Schreibaufgabe, der Prozessphase, der Dauer Ihrer Schreibsitzungen und Ihrem Arbeitstempo, werden Sie die Aufgaben und Ziele unterschiedlich definieren. Dazu sollten Sie die Aufgaben sowohl inhaltlich als auch quantitativ bestimmen. Stellen Sie sich dafür folgende Fragen:

1) Woran will ich arbeiten? Welchen Aufgabentyp und welches Thema nehme ich mir vor?

Sie sollten stets eine klare Vorstellung davon haben, zu welchem Inhalt Sie arbeiten wollen. Das kann ein generelles Thema sein, falls Sie sich noch in der Einarbeitungsphase befinden, oder aber ein bestimmtes Kapitel, falls Sie an der Rohfassung schreiben. Sie können sich auch einen Begriff, den Sie erklären müssen, vornehmen. Egal worum es sich handelt, Sie sollten wissen, womit Sie inhaltlich Ihre Schreibsitzung verbringen wollen.

Es spielt keine Rolle, ob Sie tatsächlich für die Roh- oder Endfassung schreiben oder vorbereitende Aufgaben erledigen wie

Konzept schreiben, Texte exzerpieren und Ideen sammeln (mittels Clustering, Mindmap, automatischem Schreiben oder anderer Kreativtechniken; siehe Rico 2002; Scheuermann 2012; Wolfsberger 2010; von Werder 2002). Sie können auch bereits Geschriebenes überarbeiten. Alles was zur Erledigung einer Schreibaufgabe beiträgt, gilt für den Schreibzeitplan als Schreiben (Silvia 2007: 18–19).

2) Wie viel will ich in der Schreibsitzung schreiben bzw. produzieren?

Wissen Sie, woran Sie arbeiten wollen, sollten Sie ebenso eine klare Vorstellung davon haben, welche Menge an Zeichen, Wörtern, Absätzen, Seiten oder dergleichen Sie produzieren wollen. Sie können sich beispielsweise vornehmen, mindestens 200 Wörter pro Schreibsitzung zu schreiben. Sie haben das Sitzungsziel dann erreicht, wenn Sie 200 Wörter geschrieben haben. Um ein Beispiel von mir zu geben: Um dieses Buch zu schreiben, habe ich mir das Ziel gesetzt, in jeder Schreibsitzung, in der ich tatsächlich am Text schreibe, mindestens eine Seite zu produzieren (rund 300 Wörter). Bei anderen Schreibaufgaben liegt mein Ziel bei 200 Wörtern.

Die Maßeinheit kann je nach Aufgabentyp oder Schreibaufgabe wechseln. Bearbeiten Sie eine Schreibaufgabe, die Ihnen einen gewissen Umfang vorschreibt, wählen Sie am besten die vorgegebene Maßeinheit (üblicherweise Zeichen, Wörter oder Seiten). Wie Sie in Schritt 5 sehen werden, wird die Quantifizierung der Aufgaben wichtig, wenn Sie Ihre Ziele und Ihren Fortschritt überprüfen wollen.

Planen Sie realistisch, wenn es um die inhaltliche und quantitative Bestimmung der Aufgabe einer Schreibsitzung geht. Finden Sie in den ersten Wochen oder Monaten Ihres Schreibzeitplans heraus, wie viel Sie durchschnittlich schreiben. Sobald Sie wissen, was Sie im Stande sind zu produzieren, bestimmen Sie Ihre Ziele entsprechend. Setzen Sie jedoch lieber niedriger als Ihren Durchschnitt an. Somit erreichen Sie Ihr Ziel häufiger und erleben kleine Erfolge anstatt wiederholte Frustration.

Es kann vorkommen, dass Sie unter Zeitdruck stehen und in kurzer Zeit mehr Text produzieren müssen als gewohnt. In diesem Fall erhöhen Sie Ihr Sitzungsziel, damit Sie die Aufgabe innerhalb der Frist beenden können. Hierbei erweist sich die quantitative Zielsetzung als zentral, weil Sie nun in jeder Sitzung ein bestimmtes Soll erreichen müssen. Sobald Sie mit der Zielsetzung vertraut sind und Ihr Arbeitstempo und Ihre Fähigkeiten kennen, werden Sie auch einschätzen können, ob eine Erhöhung des Sitzungsziels realistisch und die Schreibaufgabe fristgerecht machbar sind. Mit etwas Übung dürfte das für eine begrenzte Zeit möglich sein. Ein erhöhtes Ziel kann Sie motivieren, fokussierter zu arbeiten. Ihre Motivation wird bestehen bleiben oder steigen, wann immer Sie das Ziel erreichen. Sie werden außerdem sehen, dass Sie den Druck, den Sie auf Ihre regelmäßigen Schreibsitzungen verteilen, besser aushalten werden, als wenn Sie ihn bis zur letzten Minuten für eine mehrstündige oder nächtliche Schreibsitzung aufsparen.

Eine Schreibsitzung, eine Aufgabe

Damit Sie den Fokus während einer Schreibsitzung aufrechterhalten können und sich nicht verzetteln, sollten Sie sich nur einer Aufgabe pro Sitzung widmen. Sie erlauben sich dabei, sich ausschließlich auf eine kleine Teilaufgabe mit einem kleinen Teilziel zu konzentrieren. Selbst wenn Sie merken, was Sie alles sonst noch machen müssten oder Ihnen Ideen für andere Kapitel in den Sinn kommen, konzentrieren Sie sich auf die geplante Aufgabe. Machen Sie Notizen oder markieren Sie Textstellen, die Sie sich in einer späteren Sitzung ansehen müssen, um Ihre Ideen nicht zu vergessen – und kommen Sie zur aktuellen Aufgabe zurück.

Besonders bei Schreibsitzungen von mehreren Stunden müssen Sie deshalb gut planen, damit Ihnen nicht nach einer Stunde die Arbeit ausgeht. Denn dann besteht die Gefahr, dass Sie sich anderen Dingen widmen und sich letztlich verzetteln (noch kurz etwas im Internet nachsehen; nochmals alte Notizen durchlesen; eine Textstelle in einem Buch suchen; eine E-Mail schreiben u.ä.).

Im Idealfall wissen Sie vor Beginn der Schreibsitzung genau, was Sie zu tun haben, und sind entsprechend vorbereitet. Sie haben alles Material vorliegen, das Sie für die Schreibsitzung benötigen, und können sogleich loslegen. Gehören Sie aber zu den Schreibenden, die nicht einfach so in die Arbeit einsteigen können, gibt es eine alternative Herangehensweise.

Zuerst aufwärmen, dann schreiben

Nehmen wir an, dass Sie nicht gleich schreiben können. Sie brauchen Zeit, um sich ins Thema hineinzudenken – also eine Aufwärmphase. Dauert Ihre Schreibsitzung zwei Stunden, sollten Sie die Zeit, die Sie fürs Aufwärmen benötigen, mit berücksichtigen. Während der ersten halben Stunde beispielsweise lesen Sie die Notizen, Zitate und anderen Dinge, die Sie sich für die Aufgabe der Schreibsitzung bereitgelegt haben. Sie können in dieser Zeit auch ein Brainstorming vornehmen oder sich mithilfe des automatischen Schreibens ins Thema hineindenken (z.B. anhand der Fragen: *Was weiß ich über das Thema der heutigen Schreibsitzung? Und was weiß ich noch nicht?*). Egal wie viel Zeit Sie fürs Aufwärmen einplanen, beenden Sie diese Sitzungsphase nach Ablauf der Zeit. Sie riskieren sonst sich zu verzetteln und die Schreibphase zu beschneiden. Halten Sie also auch den Plan für die einzelnen Phasen innerhalb einer Schreibsitzung ein. Alternativ können Sie noch weitere Phasen einbauen, etwa eine, in der Sie die Struktur des Inhalts festlegen, den Sie danach schreiben. Lassen Sie mich ein Beispiel geben.

Sebastian, ein Doktorand, plant jeweils Schreibsitzungen von drei Stunden. Anstatt aber die gesamte Zeit fürs Schreiben zu reservieren, teilt er die Sitzung in drei Teile. Zuerst liest er während einer Stunde seine Notizen, Exzerpte und anderen Materialien, die er später zur Bearbeitung der Aufgabe braucht. Danach benötigt er, nach einer kurzen Pause, die zweite Stunde, um seine Gedanken und Ideen in eine Ordnung zu bringen und eine Struktur zu erstellen. Er macht erneut eine kleine Pause und füllt danach während der letzten Stunde die erstellte Struktur mit Inhalt. Diese Gliederung seiner Schreibsitzungen erlaubt es ihm, die unterschiedlichen Phasen des Schreibens besser zu entzerren. Denn ohne eine solche Gliederung ist die Wahrscheinlichkeit höher, dass er zu viel auf einmal erledigen will, sich verzettelt und schließlich die geplante Aufgabe nicht zufriedenstellend erledigen kann.

Egal ob Sie solche Phaseneinteilungen innerhalb der Schreibsitzung vornehmen oder nicht: Widmen Sie sich wenn möglich einer Aufgabe bzw. einem Ziel. Merken Sie, dass Sie Ihre Schreibsitzung nicht mit nur einer Aufgabe füllen können, können Sie die Dauer der Sitzung anpassen. Entschließen Sie sich stattdessen, die Sitzung mit mehr als einer Aufgabe zu planen, seien Sie vorsichtig, dass Sie nicht den Überblick verlieren, die Aufgaben vermischen oder eine Aufgabe der anderen vorziehen. Je mehr Sie in einer Schreibsitzung beabsichtigen, desto größer wird die Gefahr, dass Sie die Aufgaben nicht wie geplant erledigen können. Wenn Sie demgegenüber eine klare Aufgabe vor Augen haben, wird es Ihnen leichter fallen, fokussiert daran zu arbeiten und das geplante Ziel zu erreichen. Entscheiden Sie selbst, welcher Weg für Sie funktioniert. Sobald Sie Ziele jedoch wiederholt nicht erreichen oder Sie über Ihren Fortschritt frustriert sind, sollten Sie Ihre Aufgabenplanung und Arbeitsweise anpassen.

Kurz- und langfristige Aufgabenplanung

Abhängig von der Schreibaufgabe werden Sie mehr oder weniger weit in die Zukunft planen müssen. Bei größeren Schreibaufgaben wie Abschlussarbeiten oder Buchprojekten mit festen Abgabefristen lohnt es sich, die vorhandene Zeit grob zu strukturieren. Dafür können Sie Tage, Wochen oder Monate für einzelne Schreibprozessphasen reservieren (für eine Wochenplanung der Schreibphasen siehe Kruse 2007: 248). Der Schreibzeitplan erlaubt Ihnen aber auch, die vorhandene Zeit in Schreibsitzungen zu unterteilen und von Sitzung zu Sitzung zu planen.

Streben Sie eine Detailplanung an, sollten Sie wissen, welche Aufgaben und Ziele Sie innerhalb einer Schreibsitzung durchschnittlich erledigen bzw. erreichen können. Mit diesen Informationen können Sie nun eine Schreibaufgabe mit einem bestimmten Umfang auf die benötigte Anzahl Schreibsitzungen umrechnen. Zudem können Sie für jede Schreibsitzung im Voraus bestimmen, mit welcher Teilaufgabe Sie sich beschäftigen und wie viel Text

Sie produzieren werden. Damit wissen Sie zugleich, wann Sie mit einem Kapitel oder einem Arbeitsschritt fertig sein werden. (Zerubavel, 2001: Kap. 4, stellt detailliert dar, wie das im Falle eines seiner Bücher ausgesehen hat.)

Ein solcher Detailplan lässt sich stets anpassen, sobald Sie merken, dass Sie schneller oder langsamer vorwärtskommen als geplant. Da sich Ihre Gedanken über das Thema während des Schreibens verändern, wird sich auch Ihr Text verändern. Das hat womöglich auch Einfluss auf Ihre Planung. Ihr Detailplan stellt nichtsdestotrotz eine Art Fahrplan dar, an dem Sie Arbeitsschritte und Teilziele ablesen können. Hätten Sie keinen Plan – im wahrsten Sinne des Wortes –, würden Sie Verzögerungen oder schnelle Fortschritte nicht so gut erkennen. Sie könnten sich nicht kontrollieren, falls Sie einem Arbeitsschritt mehr Zeit widmen als nötig.

Falls Sie keine Abgabefristen vorliegen haben, sondern sich selbst welche vorgeben (müssen), lohnt sich eine grobe Planung. Damit legen Sie für sich einen zeitlichen Rahmen fest und hüten sich davor, endlos an einem Kapitel oder Text zu arbeiten. Ein Text wird nie perfekt sein, sondern bei jedem Durcharbeiten neue Dinge preisgeben, die Sie noch verbessern könnten. Deshalb sollten Sie sich selbst begrenzen.

Falls Sie keinen Detailplan erstellen wollen oder können, weil Sie noch keine Ahnung haben, welche Aufgaben anstehen, ist es sinnvoll, einen Mittelweg einzuschlagen. Dazu reservieren Sie pro Arbeitsschritt oder Kapitel eine bestimmte Anzahl Schreibsitzungen (z.B. zehn Sitzungen Lektüre, fünf Sitzungen Konzept erarbeiten, 20 Sitzungen Rohfassung schreiben etc.). Sie stecken damit größere Zwischenziele ab, in deren Anschluss Sie sich einem nächsten Arbeitsschritt oder dem nächsten Kapitel widmen. Haben Sie das Ende einer Gruppe von Schreibsitzungen erreicht, aber das Ziel noch nicht erledigt, wechseln Sie trotzdem zum nächsten Aufgabenblock. Falls Sie nicht alle Schreibsitzungen in der Woche für diese Schreibaufgabe reserviert haben, können Sie den unvollendeten Aufgabenblock in den übrig bleibenden Schreibsitzungen beenden. Wenn Sie ausreichend Zeit eingeplant haben, wird es noch einen Puffer geben, in dem Sie nicht beendete Aufgaben fertigstellen können. In jedem Fall lohnt es sich, genügend Schreibsitzungen für einen Aufgabenblock vorzusehen, damit keine Engpässe entstehen oder gar Sitzungen anderer Aufgabenblöcke vereinnahmt werden müssen.

Neben dem Detailplan und dem Mittelweg gibt es noch eine minimale Planvariante, die sich für gewisse Schreibaufgaben eignet. Bei dieser Variante müssen Sie spätestens am Vortag vor der nächsten Schreibsitzung wissen, welche Aufgabe Sie bearbeiten und welches Ziel Sie erreichen wollen. Bei kurzen Texten oder auch wiederkehrenden Schreibaufgaben wie etwa einem wöchentlichen Blog bietet sich diese Planungsvariante an. Wissen Sie am Vortag, worüber Sie schreiben und liegt Ihnen auch das Material dazu vor, können Sie gleich am nächsten Tag mit Schreiben oder alternativ Aufwärmen und dann Schreiben beginnen.

Das minimale Vorgehen gilt selbstverständlich auch für die beiden anderen Planungsvarianten. Das Credo lautet, stets zu wissen, was in der nächsten Schreibsitzung zu erfüllen ist, egal ob es sich um vorbereitende Arbeiten, um tatsächliches Schreiben oder Überarbeiten handelt (Murray 2004: 28). Denken Sie erst mit Beginn einer Schreibsitzung darüber nach, was Sie tun und welches Ziel Sie sich stecken wollen, wird die Sitzung womöglich mit Enttäuschung enden. Denn genau davor soll Sie Ihr Schreibzeitplan schützen: vor einer leeren Seite oder einem weißen Bildschirm zu sitzen und nicht zu wissen, was Sie schreiben sollen. Anstatt während einer Schreibsitzung Zeit damit zu vergeuden, übers Schreiben nachzudenken oder sich gar Sorgen über die eigene Arbeitsweise und die anstehende Abgabefrist zu machen, gibt Ihnen der Schreibzeitplan stattdessen Mittel an die Hand, diese Zeit mit Schreiben zu verbringen.

Schreibaufgaben parallel bearbeiten

Unabhängig davon, welche Planungsvariante Sie anwenden, steht es Ihnen offen, an mehreren Aufgaben parallel zu schreiben. Das bedeutet nicht, dass Sie nun doch zwei oder mehrere Ziele in einer Schreibsitzung bearbeiten. Die Einteilung der Arbeitswoche in unterschiedliche Schreibsitzungen ermöglicht es Ihnen jedoch, Ihre Schreibaufgaben darauf zu verteilen.

Nehmen wir an, Sie befassen sich mit drei Schreibaufgaben. Zwei davon besitzen hohe Priorität, weil sie an Abgabefristen gebunden sind. Die dritte Schreibaufgabe ist zeitlich zwar nicht gebunden, ist Ihnen jedoch genauso wichtig. Deshalb entscheiden Sie, dass Sie an allen drei Aufgaben parallel arbeiten, damit Sie die dritte Aufgabe nicht über längere Zeit vernachlässigen. Nehmen wir auch an, dass Sie acht Schreibsitzungen auf vier Arbeitstage verteilt reserviert haben: immer morgens und nachmittags eine Stunde. Sie haben nun die Wahl, wie Sie Ihre Schreibaufgaben auf die acht Sitzungen verteilen wollen. Eine Möglichkeit wäre, dass Sie sich je drei Sitzungen für die zwei prioritären Aufgaben vormerken und der dritten Aufgabe die restlichen zwei Sitzungen zuteilen. Wenn die Frist der ersten Aufgabe näher rückt, können Sie dieser beispielsweise eine oder zwei Sitzungen mehr einräumen, wobei diese den anderen weggenommen werden. Sobald die erste Schreibaufgabe fertiggestellt und eingereicht ist, können Sie die beiden verbleibenden Aufgaben auf die acht Sitzungen aufteilen. Vielleicht kommt bereits eine neue Aufgabe hinzu und so können Sie Ihre Schreibsitzungen erneut nach Ihren Vorlieben aufteilen.

Die Aufteilung der Schreibaufgaben auf Schreibsitzungen ermöglicht Ihnen, den Überblick zu behalten. Sie wissen stets, wann Sie an welcher Aufgabe arbeiten werden und können dies auch rückblickend nachvollziehen, wie ich in Schritt 5 zeigen werde.

Falls Sie sich mit mehreren Schreibaufgaben parallel befassen, verlieren Sie einerseits nicht den Anschluss an Aufgaben, die sonst liegen bleiben würden. Anstatt sich nach Wochen oder Monaten erneut in eine Schreibaufgabe einarbeiten zu müssen, arbeiten Sie stetig daran weiter. Vielleicht widmen Sie der Aufgabe nur eine kurze Schreibsitzung. Dennoch beschäftigen Sie sich regelmäßig damit und kommen, wenn auch langsam, vorwärts.

Andererseits kann die parallele Beschäftigung mit unterschiedlichen Schreibaufgaben inspirierend wirken. Robert Boice (1990: 81) spricht von gegenseitiger Ideenbefruchtung. Arbeiten Sie ausschließlich an einer Aufgabe, könnte Ihnen allmählich die kritische Distanz dazu abhanden kommen. Schreiben Sie jedoch an mehreren Aufgaben, erhalten Sie eine inhaltliche Abwechslung. Auch wenn die Schreibaufgaben nichts miteinander zu tun haben sollten, kann es vorkommen, dass sich die Aufgaben gegenseitig beeinflussen. Ich persönlich habe häufig gute Ideen zu einer Schreibaufgabe, wenn ich an einer anderen sitze. Selbstverständlich sollten Sie in einem solchen Fall nicht sofort die Aufgabe wechseln. Fertigen Sie Notizen an, legen Sie diese zur Seite und gehen Sie zurück an die aktuelle Aufgabe. Anstatt also alle Schreibsitzungen nur einer Aufgabe zu widmen, können Sie Ihre Aufmerksamkeit ebenso anderen schenken. Das wird auch Ihre Motivation unterstützen.

Aufgaben und Motivation

Sie alleine wissen am besten, wann Sie für welche Schreibaufgabe und welchen Aufgabentyp motiviert sind. Planen Sie entsprechend Ihre Schreibsitzungen.

Sehen Sie beispielsweise am Montagmorgen um acht Uhr eine Schreibsitzung vor und wissen, dass Sie noch Anlaufschwierigkeiten haben, gönnen Sie sich eine einfache Aufgabe mit gut erreichbarem Ziel. Das wird Ihren Wochenanfang gleich angenehmer gestalten – jedenfalls angenehmer, als wenn Sie eine aufwändige Aufgabe deprimiert nach Ablauf der Zeit abbrechen müssen.

Finden Sie heraus, welchen Aufgabentyp Sie wann am besten erledigen, ohne die Motivation zu verlieren oder unzufrieden zu werden. Möchten Sie an einem Tag eine Schreibsitzung von einer halben Stunde zwischen zwei anderen Terminen vornehmen, werden Sie in dieser Zeit vermutlich keine komplexen Aufgaben erledigen können. Die Schreibsitzung eignet sich jedoch für kurze Aufgaben oder solche, die Sie immer wieder erledigen können, wie z.B. Brainstorming, automatisches Schreiben oder eine Seite überarbeiten. Sie können selbstverständlich auch an einem Kapitel weiterschreiben. Wenn Sie Ihr Ziel nicht zu hoch stecken und für die kurze Zeit schreiben können, werden Sie auch so vorwärtskommen. Wie in Schritt 2 angesprochen, können besonders vielbeschäftigte Schreibende, die meinen, keine Zeit zu haben, von solch kurzen Schreibsitzungen profitieren.

Zur Inspiration

Am Anfang kann es eine große Herausforderung sein, einen Schreibzeitplan aufzustellen, Aufgaben und Ziele zu definieren und sich auch daran zu halten. Das bringt der Aufbau und die Aufrechterhaltung dieser neuen Gewohnheit mit sich – bis Sie sich daran gewöhnt haben. Vielleicht denken Sie nun auch, „Wer tut sich das an?“ und die Antwort lautet: die meisten professionell Schreibenden, besonders auch SchriftstellerInnen. Sie schreiben regelmäßig, meistens täglich, und setzen sich konkrete Ziele. Ich nenne nur drei Beispiele, damit Sie erkennen, in welcher Gesellschaft Sie sich befinden, wenn Sie sich der Herausforderung des regelmäßigen Schreibens stellen.

Anthony Trollope war ein englischer Schriftsteller des 19. Jahrhunderts. Er arbeitete bei der Post in Irland und England und schrieb jeden Morgen ab 05:30 Uhr drei Stunden, bevor er zur Arbeit ging. Er hatte sich das Ziel gesetzt, jede Viertelstunde 250 Wörter zu schreiben. Er verfasste mehrere Dutzend Romane (Trollope 1999: 170).

Stephen King schreibt jeden Morgen. Er schreibt solange, bis er sein Tagessoll von 2000 Wörtern erfüllt hat (King 2010: 154).

Donald M. Murray war Journalist, Schreibcoach, Lehrer, Forscher, Sachbuchautor, Dichter und Schriftsteller. Er schrieb jeden Morgen und beschäftigte sich jeweils nur mit einer Aufgabe (Murray 2004: 28).

Andere AutorInnen hatten oder haben ebenso ihre Zeitfenster und Zielvorstellungen (Emrich 2000; Keyes 2003: 149; Currey 2013). Durch regelmäßige Übung ist es ihnen gelungen, die Texte zu schreiben, durch die sie bekannt geworden sind.

Zum Weiterlesen über …

Kreativtechniken

- Rico, Gabriele L. (2002): Garantiert schreiben lernen. Sprachliche Kreativität methodisch entwickeln – ein In-

tensivkurs auf der Grundlage der modernen Gehirnforschung. Reinbek bei Hamburg: Rowohlt.
- Scheuermann, Ulrike (2012): Schreibdenken. Schreiben als Denk- und Lernwerkzeug nutzen und vermitteln. (UTB 3687). Opladen/Toronto: Verlag Barbara Budrich.
- von Werder, Lutz (2002): Brainwriting & Co. Die 11 effektivsten Methoden des kreativen Schreibens für die Schule und das Studium. Milow: Schibri-Verlag.
- Wolfsberger, Judith (2010): Frei geschrieben. Mut, Freiheit & Strategie für wissenschaftliche Abschlussarbeiten. (UTB 3218). Wien: Böhlau Verlag.

Aufgabenplanung

- Zerubavel, Eviatar (2001): The Clockwork Muse. A Practical Guide to Writing Theses, Dissertations, and Books. Cambridge, Mass./London: Harvard University Press. (Kap. 4)

Gewohnheiten professionell Schreibender

- Currey, Mason (2013): Daily Rituals. How Artists Work. New York: Alfred A. Knopf.
- Emrich, Hinderk M. (2000): Schreib-Partikel und ihre allmähliche Verfertigung. In: Narr, Wolf-Dieter; Stary, Joachim (Hrsg.): Lust und Last des wissenschaftlichen Schreibens. Hochschullehrerinnen und Hochschullehrer geben Studierenden Tips. Frankfurt a. M.: Suhrkamp, S. 54–57.
- Keyes, Ralph (2003): The Courage to Write. How Writers Transcend Fear. New York: Henry Holt and Company.
- King, Stephen (2010): On Writing. A Memoir of the Craft. New York: Scribner.

Schritt 5:
Den Fortschritt kontrollieren

Wenn Sie Schreibsitzungen reservieren und sich an Ihren Plan halten, sollten Sie das aufzeichnen. Erstens kontrollieren Sie damit, ob Sie die gesteckten Ziele erreichen. Sie legen sich also selbst Rechenschaft über Ihre Schreibgewohnheit ab. Zweitens machen Sie den Fortschritt Ihrer Schreibaufgaben sichtbar und ermöglichen sich, auf einfache Art den Überblick zu behalten. Drittens können Sie aufgrund der gesammelten Informationen über Ihr Schreibverhalten zukünftige Schreibaufgaben besser planen. Und viertens kann die Kontrolle motivierend wirken.

Rechenschaft mit einer Kontrolltabelle ablegen

In welcher Form Sie Ihren Schreibzeitplan kontrollieren, spielt keine Rolle. Wichtig ist, dass Sie es konsequent tun. Dafür eignen sich unterschiedliche Darstellungsformen. Im Folgenden stelle ich Ihnen eine einfache Kontrolltabelle vor, die Sie sowohl im Computer als auch von Hand auf Papier führen können (für letzteres siehe Boice 1990: 33; bereits Trollope hat in einem Heft seinen Fortschritt so aufgezeichnet, 1999: 74; ähnlich auch Hemingway, siehe Currey 2013: 52). Alternativ können Sie auch ein Statistikprogramm verwenden, das Ihnen eine visuell ansprechende Darstellung und Aufbereitung erlaubt (siehe Silvia 2007: 40ff.).

Die folgenden Kategorien für die Kontrolltabelle bieten Ihnen Informationen, die Sie benötigen, um Ihren Fortschritt zu bemerken und den Überblick über die Arbeitsschritte behalten zu können (siehe Abb. 3). Abhängig von der Darstellungsform, die Sie wählen, können Sie nicht alle Informationen erfassen. Entscheiden Sie selbst, was Sie von der Kontrolltabelle wissen wollen.

Datum
Erfassen Sie das genaue Datum jeder Schreibsitzung in einer Spalte. Das hilft Ihnen sowohl für die Planung als auch die Rekonstruktion der benötigten Zeit für eine Schreibaufgabe. Falls Sie mehrere Schreibsitzungen an einem Tag eingeplant haben, vermerken Sie das zusätzlich, damit Sie für jede Sitzung den Fortschritt erkennen können.

Datum	Aufgabe/Ziel	Wörter vorher	Wörter nachher	Wörter Differenz	Ziel erreicht?	Bemerkung
03.01. 2014	Buch Verweise einfügen/Vorwort schreiben	9463	9947	484	nein	nicht zur geplanten Zeit
06.01. 2014	Buch Einleitung/Schritt 1 überarbeiten	10033	10048	15	ja	
07.01. 2014	Buch Schritt 2 überarbeiten	10048	10120	72	ja	
08.01. 2014	Blog schreiben	0	554	554	ja	
09.01. 2014	Buch Schritt 5 schreiben	10303	10789	486	ja	
10.01. 2014	Buch Schritt 5 schreiben	10789	11234	445	ja	
13.01. 2014	Blog überarbeiten	554	595	41	ja	
14.01. 2014	Buch Feedback einarbeiten	12884	12809	-75	ja	
15.01. 2014	Blog schreiben	0	498	498	ja	
16.01. 2014	Buch überarbeiten	13328	13509	181	nein	Probleme mit Textversionen

Abb. 3: Ausschnitt aus meiner Fortschrittskontrolltabelle

Aufgabe/Ziel

In der nächsten Spalte erfassen Sie, welche Aufgabe Sie erledigt haben bzw. welches Ziel Sie erreichen wollen. Sie müssen die Aufgabe nicht im Detail beschreiben, sondern nur so, dass Sie auch später noch wissen, was Sie getan haben. Beispielsweise können Sie vermerken, an welcher Schreibaufgabe, in welcher Phase und an welcher Teilaufgabe Sie gearbeitet haben (z.B. BA-Arbeit, Rohfassung, Kap. 2.3). Sie können zusätzlich auch das quantitative Ziel erfassen, besonders, wenn es je nach Aufgabentyp variiert (z.B. einmal 200 Wörter, dann drei Absätze).

Anzahl Wörter vorher/nachher/Differenz

In der Tabelle besetzen diese Informationen drei Spalten. In der ersten der drei Spalten tragen Sie den Stand der Wörter, Zeichen, Seiten oder Absätze vor der Schreibsitzung ein. Diese Spalte wird dann relevant, wenn Sie an einer Aufgabe weiterarbeiten (z.B. einem Kapitel). Haben Sie keinen zusammenhängenden Text, sondern Teile an verschiedenen Stellen in einer Arbeit geschrieben, können Sie hier die Anzahl der Wörter des gesamten Dokuments erfassen. Falls Sie eine neue Aufgabe bearbeitet haben, zu der es kein „vorher" gibt, so steht hier eine Null.

In der zweiten Spalte notieren Sie den Stand der Wörter nach Erledigung der Aufgabe. Auch hier können Sie die Anzahl der Wörter etc. des gesamten Dokuments, an dem Sie gearbeitet haben, erfassen.

Als letztes tragen Sie die Differenz zwischen den erfassten Zahlen vorher und nachher ein. Für den Fall, dass Sie ein Tabellenkalkulationsprogramm benutzen, können Sie das mithilfe einer Formel automatisieren. Die Zahl in der dritten der drei Spalten gibt Ihnen darüber Auskunft, wie viele Wörter, Zeichen, Seiten oder Absätze Sie in der Schreibsitzung produziert haben.

Für den Fall, dass Sie sich eine Aufgabe gesetzt haben, die sich nicht in Zahlen ausdrücken lässt (eine Mindmap erstellen, Literatur recherchieren u.a.), tragen Sie einfach eine Null in die drei Spalten ein. Sie können in diesem Fall im Feld für Bemerkungen eine Notiz schreiben.

Zielerreichung

In dieser Spalte können Sie mit ja/nein, erreicht/nicht erreicht oder auch mit Farben festhalten, ob Sie das Ziel der Schreibsitzung erreicht haben (ich persönlich arbeite mit ja/nein, wobei ich das Nein mit rotem Hintergrund versehe). Hier lohnt es sich, streng mit sich zu sein. Haben Sie die Schreibsitzung absolviert, aber nicht die geplante Menge an Wörtern erlangt, gilt die Sitzung als nicht erreicht. Ebenso gilt sie als nicht erreicht, wenn Sie zwar das inhaltliche und quantitative Ziel erfüllt, jedoch mit Verspätung oder nicht zur geplanten Zeit geschrieben haben. In diesem Fall sollten Sie die anderen Informationen trotzdem in Ihre Tabelle eintragen. Seien Sie hier streng mit sich und erlauben Sie sich nicht, eine Schreibsitzung halb erfüllt zu haben. Damit Sie Ihren

Fortschritt und die Einhaltung Ihres Schreibzeitplans tatsächlich überprüfen können, müssen Sie, wie Paul J. Silvia (2007: 39) sagt, einen kalten und genauen Blick auf Ihre Gewohnheiten richten.

Bemerkungen
Diese Tabellenspalte ist optional und soll Ihnen lediglich ermöglichen, besondere Informationen festzuhalten. Sie können darin beispielsweise festhalten, warum Sie das Ziel einer Sitzung nicht erfüllt haben, auch wenn Sie trotzdem am Text gearbeitet haben, oder warum sie ganz ausgefallen ist. Im Rückblick können Sie so mit einiger Distanz nachlesen, welche Ausreden Sie notiert haben (zusätzlich zu den Notizen, die Sie in Ihrem Heft oder Ihrer Datei über den Schreibzeitplan führen).

Den Überblick behalten

Falls Sie die verschiedenen Informationen zu Ihren Schreibsitzungen aufzeichnen, wird es Ihnen jederzeit möglich sein, den Arbeitsstand Ihrer Schreibaufgaben zu überprüfen. Ihre Kontrolltabelle sagt Ihnen, wann Sie an welcher Aufgabe wie lange gearbeitet und wie viel Text Sie produziert haben. Im Vergleich mit einer vorgängigen Planung sehen Sie ebenso, inwiefern Sie sie eingehalten oder abgeändert haben. Das können Sie jedoch nur unter der Voraussetzung, dass Sie die Kontrolltabelle so genau und ehrlich wie möglich führen. Sie belügen nur sich selbst, wenn Sie in der Kontrolltabelle mogeln.

Nehmen wir an, Sie arbeiten an drei verschiedenen Schreibaufgaben. Die Kontrolltabelle erlaubt Ihnen stets zu überblicken, wo Sie bei welcher Aufgabe im Moment stehen und was Sie bisher alles dafür erledigt haben. Sie können zudem nachsehen, ob Sie die Gesamtplanung für die Zeit, in der Sie die drei Projekte bearbeiten müssen, einhalten oder inwiefern Sie abweichen. Vielleicht benötigen Sie für eine Aufgabe nicht alle reservierten Schreibsitzungen in einer Woche, dafür erweist sich aber eine andere als aufwändiger. Ohne es zu merken, haben Sie Schreibsitzungen getauscht. Im Rückblick können Sie diese Planänderung mithilfe der Kontrolltabelle nachvollziehen. Sollten Sie nach Wochen feststellen, dass irgendetwas schief gelaufen ist und Sie deshalb eine Frist nicht einhalten werden, können Sie auch das rekonstruieren.

Bei all der Kontrolle geht es nicht darum, dass Sie sich über Versäumnisse ärgern oder sich bestrafen, falls etwas nicht wie geplant funktioniert hat. Es kommt immer wieder vor, dass Sie eine Schreibsitzung nicht einhalten können oder ein Ziel nicht erreichen. Der Vorteil der Kontrolltabelle liegt darin, dass Sie die Versäumnisse schwarz auf weiß festgehalten haben und Sie als solche erkennen können. Hätten Sie keine Kontrolltabelle, hätten Sie womöglich keinen klaren Überblick über Ihre Schreibaufgaben und hätten mehr Mühe, Versäumnisse zu rekonstruieren. Außerdem wären Sie anfälliger für Ausreden oder Selbstbetrug. Aus diesem Grund lohnt es sich die Kontrolltabelle als Überblicks- und Planungsinstrument zu verwenden. Wie wir gleich noch sehen werden, kann Sie aber auch als Motivationsinstrument dienen.

Durchschnittswerte als Planungshilfe

Je nach Maßeinheit – Zeichen, Wörter, Absätze, Seiten – können Sie mithilfe der Kontrolltabelle ausrechnen, wie viel Sie in einer Schreibsitzung durchschnittlich schreiben, überarbeiten oder sonst produzieren. Haben Sie die Tabelle mit einem Computerprogramm erstellt, lässt sich dies automatisch errechnen. Für den Fall, dass Sie je nach Aufgabentyp unterschiedliche Maßeinheiten verwenden (z.B. Wörter fürs Schreiben, Seiten fürs Überarbeiten), können Sie den Durchschnitt für jede Einheit gesondert ermitteln. Falls Sie Schreibsitzungen von unterschiedlicher Dauer haben, müssen Sie das bei der Durchschnittsberechnung in Betracht ziehen.

Die Anzahl Wörter, beispielsweise die Sie in einer Schreibsitzung von bestimmter Dauer durchschnittlich schreiben, zeigt Ihnen zum einen, wie realistisch Ihre quantitative Zielbestimmung ist. Liegt die durchschnittliche Menge unter dem gesteckten Ziel, sollten Sie sich überlegen, ob Sie es nicht eingrenzen möchten, damit Sie es regelmäßig erreichen. Liegt der Durchschnittswert weit über der Zielmenge pro Sitzung, können Sie sie höher definieren.

Zum anderen erlaubt Ihnen der Durchschnittswert kommende Schreibaufgaben besser zu planen. Denn nun wissen Sie, wie viel Sie in der Regel schreiben bzw. produzieren können (je nach Aufgaben- und Texttyp). Die Planung der Schreibsitzungen, die Sie für eine Aufgabe benötigen, wird damit genauer. Je länger Sie mit dem Schreibzeitplan und der Kontrolltabelle arbeiten, desto mehr erfahren Sie über Ihre Schreibgewohnheiten. Das kann Ihnen gerade dann behilflich sein, wenn Sie neue Schreibaufgaben zu erledigen haben, unter Zeitdruck stehen oder mehrere Aufgaben parallel erledigen müssen. Nun können Sie abschätzen, wie viel Zeit Sie in eine Aufgabe investieren müssen, damit Sie fristgerecht fertig werden. Sie behalten so die Kontrolle und den Überblick über Ihre Schreibtätigkeiten. Abgabefristen wirken im optimalen Fall nicht mehr bedrohlich und Sie können sich den Aufgaben widmen, anstatt sich während dieser Zeit zu sorgen, wie das Schreiben zu bewältigen ist.

Fortschrittskontrolle zur Motivation – auch in der Gruppe

Die Tabelle oder Darstellung soll Ihnen nicht nur ungeschönt zeigen, ob Sie Ihre Ziele erreicht und Aufgaben erledigt haben. Sie soll ebenso Ihren Fortschritt insgesamt sichtbar hervorheben. Auch wenn jedes Nein oder jede rot markierte Stelle in der Spalte „Zielerreichung“ Ihnen ein Dorn im Auge sein wird, sind die vielen erfüllten Schreibsitzungen Grund, sich über den Fortschritt zu freuen. Sie kommen nicht nur mit Ihren Schreibaufgaben voran, sondern halten sich auch allgemein so gut es geht an Ihren Schreibzeitplan. Registrieren Sie also nicht bloß, was Sie nicht erzielt haben, sondern freuen Sie sich an dem, was Sie trotz allem erreicht haben. Auch erfahrene Schreibende können ihrem Plan nicht ausnahmslos folgen. Lassen Sie sich also nicht entmutigen. Im Gegenteil, nehmen Sie die Fortschrittskontrolle als Anlass Ihre Motivation aufrechtzuerhalten oder gar zu steigern.

Wie Sie selbst wissen, ist Schreiben oft eine einsame Angelegenheit. Die Kontrolle Ihres Schreibzeitplans gibt Ihnen jedoch die

Gelegenheit, sich mit anderen Schreibenden zusammenzuschließen und sich gegenseitig zu unterstützen (die Idee entnehme ich Silvia 2007: Kap. 4).

Eine solche Gruppe von Schreibenden hat einerseits den Zweck, dass sich die Mitglieder übers Schreiben und den Schreibzeitplan austauschen können. Andererseits geht es darum, dass die Gruppenmitglieder sich gegenseitig kontrollieren. Dadurch entsteht zwar ein zusätzlicher, öffentlicher Druck, den eigenen Plan einzuhalten. Da sich alle jedoch in derselben Lage befinden, kann das auch zusätzlich motivierend wirken. Die Teilnahme an einer solchen Gruppe zeigt Ihnen, dass Sie nicht der oder die Einzige mit Schwierigkeiten sind, den Schreibzeitplan umzusetzen. Alle kämpfen mit Herausforderungen. Deshalb ist der Austausch darüber wichtig und kann Ihnen helfen, Ihren Plan besser zu meistern.

Damit eine Kontrollgruppe funktioniert, müssen alle Mitglieder zwingend einen eigenen Schreibzeitplan haben und umsetzen. Es handelt sich um einen exklusiven Club von SchreibzeitplanerInnen. Mit anderen Worten: Wer keinen Schreibzeitplan hat, der hat auch nichts zu kontrollieren und – so hart es klingend mag – hat auch nichts in der Gruppe verloren. Schließen Sie sich also mit anderen Schreibenden zusammen, sollten alle mit diesem Kriterium einverstanden sein.

Die Gruppe trifft sich idealerweise einmal in der Woche. Je mehr Zeit zwischen den Treffen verstreicht, desto schwieriger dürfte es sein, die Verbindlichkeit aufrechtzuerhalten. Die Gruppe verabredet sich nicht etwa für eine Stunde oder länger, sondern nur für die Dauer einer Kaffeepause. Beachten Sie, dass das Treffen die Einhaltung von Schreibsitzungen nicht verhindert oder beschneidet.

Während des Treffens widmen sich die Mitglieder hauptsächlich zwei Dingen: der Überprüfung der Ziele, die sie das letzte Mal gesteckt haben, und der Festlegung neuer Ziele (natürlich dürfen sie nebenher auch Kaffee trinken). Falls Sie sowieso nicht schon längerfristig Ihre Schreibsitzungen verplant haben, haben Sie nun die Gelegenheit, damit anzufangen. Sie können ein, zwei oder mehrere Ziele in der Gruppe bekannt geben. Es können zu diesem Zweck größere Ziele sein, die Sie in der kommenden Woche in Ihren Schreibsitzungen schrittweise abarbeiten (z.B. 1000 Wörter für die Einleitung schreiben, wobei Sie dieses Ziel in vier Sitzungen à 250 Wörtern bearbeiten können). Seien Sie sich aber bewusst, dass Sie diese Ziele auch erreichen sollten. Denn es reicht nicht, in der Gruppe zu sagen, was Sie vorhaben. Die Gruppe notiert bei jedem Treffen, wer welche Ziele hat, damit diese beim nächsten Mal überprüft werden können (ein Gedächtnisprotokoll ist dafür zu unsicher). Formulieren die Mitglieder nacheinander die Ziele, sollten die anderen kritisch sein und auf unklare oder unrealistische Ziele hinweisen. Wie Silvia (2007: 52) schreibt, gilt es nicht als Ziel zu versuchen, etwas zu schreiben.

Bei der kurzen Kontrolle der Ziele des letzten Treffens sollten die Gruppenmitglieder genauso unbarmherzig sein. Entweder jemand hat ein Ziel erreicht oder nicht. Ausreden gelten nicht. Zu diesem Zweck können auch alle Mitglieder nach Absprache ihre Kontrolltabellen oder -darstellungen mitbringen, damit die protokollierende Person die Zielerreichung überprüfen kann.

Mogeln ist immer möglich, sowohl bei der eigenen Kontrolle als auch in der Gruppe. Die Person, die schummelt, täuscht jedoch sich selbst am meisten. Für den Fall, dass jemand wiederholt täuscht oder die Ziele nie erfüllt, sollte die Gruppe sich auf den Zweck ihrer Existenz besinnen: die gegenseitige Unterstützung in der Einhaltung eines Schreibzeitplans. Die Gruppe kann dieser Person helfen, ihren Schreibzeitplan zu verbessern, damit sie ihre Ziele erreicht. Aber bei konstantem Fehlverhalten der Person, muss die Gruppe dafür sorgen, dass ihr Zweck und die dadurch entstehende Motivation nicht gestört werden. Wie bereits gesagt, sollte die Gruppe für Schreibende mit Schreibzeitplan reserviert sein, die tatsächlich alles tun, um ihren Plan umzusetzen und einzuhalten.

Nachdem alle ihre neuen Ziele vorgestellt haben, können sie dazu übergehen, sich über den Schreibzeitplan und die Schwierigkeiten auszutauschen und zu beklagen. Seinem Leid Ausdruck zu verleihen und zu hören, dass es anderen nicht besser geht, tut gut. Vergessen Sie nicht, sich für die Zielerreichung mit Kaffee, Tee oder sonstigen Köstlichkeiten zu belohnen (dazu mehr in Schritt 8). Sie können als Gruppe auch diejenige Person zum Kaffee einladen, die ein größeres Ziel erreicht hat (Abgabe einer Arbeit, Einreichung einer Publikation u.ä.). Das dürfte alle motivieren, ihre Ziele zu verwirklichen, wenn es dafür eine Belohnung gibt.

Der soziale Druck, den die Gruppe auf Sie ausübt, soll selbstverständlich konstruktiv sein (Silvia 2007: 56). Werden Sie wie ich alleine durch den Anblick Ihrer Kontrolltabelle motiviert, benötigen Sie womöglich keine Kontrollgruppe. Falls Sie aber mindestens einmal in der Woche der Einsamkeit des Schreibens entfliehen möchten, suchen Sie sich Gleichgesinnte mit einem Schreibzeitplan, vereinbaren einen wöchentlichen Termin und erfreuen sich an der gegenseitigen Kontrolle und Unterstützung.

Zum Weiterlesen über ...

die Fortschrittskontrolle in der Gruppe

- Silvia, Paul J. (2007): How to Write a Lot. A Practical Guide to Productive Academic Writing. Washington, D.C.: American Psychological Association. (Kap. 4)

*

In den Schritten eins bis fünf haben Sie die grundlegenden Anforderungen und Eigenschaften eines Schreibzeitplans kennengelernt. Sind Sie den Schritten gefolgt und haben Ihren Schreibzeitplan erstellt, sind Sie für dessen Umsetzung bereit – oder haben bereits damit begonnen.

In den Schritten sechs bis zehn geht es nun um die Umstände, die Sie beeinflussen können, damit eine reibungsarme Umsetzung Ihres Schreibzeitplans möglich wird.

Schritt 6:
Die Schreibumgebung gestalten

Einen Zeitplan zu haben, reicht oftmals nicht aus, um regelmäßig und erfolgreich schreiben zu können. Die Umgebung, in der man schreibt, spielt ebenso eine wichtige Rolle. In diesem Kapitel möchte ich Ihnen zeigen, welche materiellen und zwischenmenschlichen Vorkehrungen Sie treffen können, damit Sie während Ihren Schreibsitzungen fokussiert und ungestört bleiben.

Bevor es aber um die verschiedenen Faktoren der Schreibumgebung geht, haben Sie die Gelegenheit, eine Reflexionsübung durchzuführen.

Reflexion: Bedingungen beim Schreiben

Ergänzen Sie innerhalb von fünf Minuten folgenden Satzanfang:

„Wenn ich schreibe, benötige ich unbedingt …“

Auf jeder Zeile schreiben Sie eine neue Fortsetzung des Satzes. Notieren Sie alles, was Ihnen in den Sinn kommt, ohne zu werten oder auf die Richtigkeit der Satzfortführung zu achten. Haben Sie die Übung durchgeführt, wissen Sie, was für Sie beim Schreiben wichtig ist. Sie können die folgenden Ausführungen mit Ihren Aussagen vergleichen und herausfinden, was Sie verändern möchten.

Ihre Schreibumgebung

Grundsätzlich können Sie überall schreiben, wo Sie wollen. Wenn Sie die Einsamkeit in den eigenen vier Wänden vorziehen, arbeiten Sie am besten dort. Brauchen Sie die Gegenwart anderer Personen, arbeiten Sie zum Beispiel in einer Bibliothek oder einem Café. Falls Sie häufig mit dem Zug pendeln und diese Atmosphäre schätzen, dann arbeiten Sie unterwegs. Wo immer Sie auch arbeiten, richten Sie Ihre Umgebung so ein, dass sie Sie beim Schreiben unterstützt. Sollte das nicht realisierbar sein, haben Sie zwei Möglichkeiten: Entweder Sie suchen sich einen anderen Ort oder Sie ändern Ihre Haltung der Umgebung gegenüber, so dass Sie sie nicht als störend empfinden. Die zweite Möglichkeit dürfte sich als anspruchsvoller erweisen. Achten Sie bei der Wahl des Arbeitsplatzes darauf, dass er Sie nicht in der Umsetzung Ihres Zeitplans behindert. Sie wären enttäuscht, wenn Sie zwar mit besten Absichten Ihren Plan umzusetzen versuchten, Sie aber wiederholt durch äußere Umstände dabei beeinträchtigt würden. Um Ihnen zu zeigen, wie Sie die Umgebung bewusst förderlich gestalten können, diskutiere ich den Fall des Arbeitsplatzes zuhause. Sie können die Maßnahmen entsprechend auf andere Arbeitsorte übertragen und anpassen.

Ihr Arbeitsplatz sollte Ihnen alles bieten, was Sie zur Erledigung Ihrer Schreibaufgaben benötigen. Entsprechend gilt aber auch, dass Ihr Arbeitsplatz nichts offerieren sollte, dass Sie vom Schreiben abhält und ablenkt. Während Ihrer Schreibsitzung wollen Sie sich voll und ganz der geplanten Aufgabe widmen, danach können Sie sich anderen Dingen zuwenden. Lassen Sie sich zu lange ablenken oder aufhalten, werden Sie vermutlich Ihr Ziel nicht erreichen. Aus diesem Grund sollten Sie sich bewusst machen, was Sie an Ihrem Arbeitsplatz unbedingt benötigen und was zu einer Störquelle werden könnte. Ich gebe Ihnen im Folgenden einige Hinweise zu potentiellen Störquellen, gefolgt von möglichen Unterstützungsquellen.

Ein überladener Arbeitsplatz

Alles, was auf und rund um Ihren Arbeitsplatz liegt oder steht und nichts mit der geplanten Aufgabe zu tun hat, kann zu einer Störquelle werden. Dazu gehören Bücher, Fachartikel, Notizen, Zeitschriften und andere Dinge.

Sie kennen bestimmt die Situation, dass Sie kurz in ein Buch schauen wollen, das nicht mit Ihrer Schreibaufgabe in Zusammenhang steht. Dabei kommt Ihnen etwas in den Sinn, das Sie noch erledigen sollten. Schon beschäftigen Sie sich mit etwas anderem. Nach zwei Stunden merken Sie, dass Sie überhaupt nicht an der geplanten Aufgabe arbeiten und können kaum mehr nachvollziehen, wie es zur Ablenkung gekommen ist. Sie wissen nur, dass Sie verschiedene Dinge angefangen, aber keine richtig beendet haben. Der kurze Blick ins Buch war nur der Anfang (dazu mehr in Schritt 7). Um solche Situationen zu vermeiden, richten Sie Ihren Arbeitsplatz so ein, dass darauf möglichst nur Dinge stehen, die Sie tatsächlich zur Erledigung einer Schreibaufgabe benötigen. Räumen Sie alle irrelevanten Dinge aus Ihrem Sichtfeld und Griffbereich. Die Versuchung wird automatisch kleiner, sich anderen Dingen zu widmen. Ebenso verringert sich die Gefahr, dass Sie sich verzetteln, weil Ihre Aufmerksamkeit nicht durch anderes beansprucht wird.

Wenn Sie Ihren Arbeitsplatz häufig wechseln, achten Sie darauf, dass Sie nur die benötigten Unterlagen und Dinge mitnehmen bzw. auspacken. Denn auch in einer Bibliothek können Sie Ihren Arbeitsplatz mit unzähligen Büchern und Zeitschriften überfrachten.

Internet

Heutzutage haben wir die Möglichkeit jederzeit online zu sein. Es gestaltet sich zunehmend schwieriger, sich dem entgegenzusetzen. Glücklicherweise gibt es noch Geräte und Programme, die man ausschalten kann. Steht eine Schreibsitzung an, in der Sie das Internet in keiner Weise benötigen, so unterbrechen Sie den Zugang für deren Dauer. Arbeiten Sie zuhause, können Sie das Modem ausschalten. Falls das nicht möglich ist, schalten Sie entweder die Verbindung auf Ihrem Computer aus oder entfernen das Kabel. Dies zu tun, mag ungewohnt sein, aber es hilft Ihnen, sich zu konzentrieren. Sie werden nämlich nicht von eingehenden E-Mails abgelenkt und kommen auch nicht in Versuchung, Schlagzeilen zu lesen oder sonstige Inhalte im Internet zu recherchieren. Allein die Möglichkeit macht es verlockend, einer Sache nachzugehen. Das eine führt zum anderen und schon verbringen Sie wertvolle Zeit mit unnötigem Surfen im Netz. Setzen Sie deshalb nicht auf Selbstdisziplin, sondern sorgen Sie dafür, dass Sie keine Verbindung ins Internet haben. Bei Bedarf können Sie ein Programm auf Ihrem Computer installieren, dass die Internetverbindung für eine geplante Dauer unterbricht.

Selbstverständlich gilt das nicht für die Schreibsitzungen, in denen der Internetzugang notwendig ist, um etwa Literatur zu suchen oder auf Datenbanken zuzugreifen. Seien Sie aber auf der Hut, dass Sie nicht unbewusst andere Dinge parallel erledigen, die nicht zur Bewältigung Ihrer Aufgabe beitragen. Beobachten Sie besonders Abläufe, die sich automatisch, ohne bewussten Entschluss vollziehen (E-Mails abrufen, neuste Schlagzeilen lesen u.ä.). Solche Automatismen bemerken Sie spätestens dann, wenn Ihr Internetzugang unterbrochen ist und Sie trotzdem versuchen, die gewohnten Inhalte abzurufen – das habe ich bei mir selbst schon mehrmals beobachten müssen.

Nun sagen Sie vielleicht, dass Sie unbedingt ein Online-Wörterbuch benötigen, damit Sie Ihre Aufgabe bewältigen können. Sie werden selbst sehen, wie viel Selbstdisziplin Sie brauchen, um ausschließlich die Wörterbuch-Webseite zu benutzen. Besser also, Sie verzichten auf den Internetzugang und schlagen dafür in einem gedruckten Wörterbuch nach. Das hat früher funktioniert und tut es auch heute noch. Alternativ können Sie auch ganz auf ein Wörterbuch verzichten und die Begriffe, die Sie nachschlagen müssen, zur späteren Bearbeitung farbig markieren.

Finden Sie heraus, wie produktiv Sie ohne Internet während Ihren Schreibsitzungen sein können. Sie können sich nach der Schreibsitzung immer noch damit belohnen, die neusten E-Mails zu lesen oder im Internet zu surfen.

Telefon

Da die neusten Mobiltelefone den Zugang zu Internet und E-Mails ermöglichen, gilt das eben Gesagte auch für diese Geräte. Schalten Sie Ihr Mobiltelefon aus. Nur auf stumm zu schalten, wird Sie womöglich dazu verleiten, trotzdem ab und an einen Blick darauf zu werfen – einfach aus Gewohnheit. Schalten Sie es deshalb ganz aus und legen es außer Reich- und Sichtweite ab.

Sollten Sie zuhause arbeiten, bleibt noch das Festnetztelefon. Sie können entweder das Kabel herausziehen oder Sie ignorieren, falls es klingelt. Wohnen Sie mit anderen Personen zusammen, informieren Sie diese, dass Sie das Telefon während Ihren

Schreibsitzungen nicht entgegennehmen werden. Nur in Notfällen erlauben Sie sich Telefonate zu führen. Alles andere kann bis nach Ihrer Schreibsitzung warten.

Unterstützungsquellen

Haben Sie Ihre Schreibumgebung von Störquellen befreit, können Sie Unterstützungsquellen einrichten. Darunter verstehe ich alles rund um Ihren Arbeitsplatz, was Ihnen bei der Durchführung der Schreibsitzung hilft und Ihre Konzentration fördert. Das können ein bequemer Sessel, Musik, ein Bild, besondere Schreibutensilien, Blumen, ein wohlriechender Duft oder ein Getränk sein.

Stephen King (2010: 156) beispielsweise hört laute Rockmusik. Er kann sich dabei gut während seiner morgendlichen Schreibsitzung konzentrieren, weil die Musik wie eine zweite, verschlossene Tür funktioniert. Auch die Körperhaltung kann einen positiven Einfluss haben. Während Ernest Hemingway und andere im Stehen geschrieben haben (Currey 2013: 52), gibt es auch solche, die im Liegen schreiben (Keyes 2003: 138–139). Paul J. Silvia (2007: 13, 21) benötigt dagegen eine Tasse frischen Kaffee, wenn er sich früh am Morgen an seinen sonst karg eingerichteten Arbeitsplatz setzt.

Alle Schreibenden haben Ihre Vorlieben. Finden Sie heraus, was Sie unterstützt, ohne Sie vom Schreiben abzulenken. Je nach Arbeitsort wird es Ihnen jedoch nicht immer möglich sein, Ihre Unterstützungsquellen zu installieren. Ich komme weiter unten nochmals darauf zu sprechen.

Ihre Mitmenschen

Die materielle Umgebung können Sie gut unter Kontrolle halten, Ihre Mitmenschen hingegen weniger. Deshalb ist es umso wichtiger, dass Sie sie über Ihre Pläne informieren.

Falls Sie zuhause arbeiten, sprechen Sie mit Ihrer Familie bzw. Ihren MitbewohnerInnen über Ihren Schreibzeitplan. Lassen

Sie sie wissen, weshalb Sie sich zu bestimmten Zeiten an Ihren Arbeitsplatz zurück ziehen. Erklären Sie Ihnen den Zweck eines Schreibzeitplans und verdeutlichen Sie Ihnen, wie wichtig er Ihnen ist. Machen Sie klar, dass Sie während Ihren Schreibsitzungen von niemandem gestört werden möchten. Sie nehmen keine Telefonate an, erledigen keine noch so kleinen Aufgaben und beantworten keine Fragen. Obwohl dies eine ideale Situation darstellt, die nicht immer zutreffen wird, haben Sie so Ihre Mitmenschen bestmöglich informiert.

Tun Sie dasselbe bei Ihren ArbeitskollegInnen, falls Sie im Büro schreiben. Hier gibt es selbstverständlich viel mehr Personen, die etwas von Ihnen wollen und die Sie nicht alle im Voraus informieren können. In diesem Fall lohnt es sich, ein „Bitte nicht stören"-Schild an der Tür anzubringen. Eine Kopie Ihres Schreibzeitplans kann allenfalls als Legitimation des Schildes dienen. Selbst wenn jemand das Schild als Einladung auffasst, Sie zu stören (siehe Silvia 2007: 15), brauchen Sie die Person nicht hereinzulassen. Im äußersten Fall steht es Ihnen frei, die Türe abzuschließen, damit auch die Unnachgiebigsten nicht hereinplatzen können.

In der Bibliothek haben Sie womöglich ein ähnliches Problem. KommilitonInnen könnten auf die Idee kommen, Sie genau in dem Moment zu einem Kaffee einladen zu wollen, wenn Sie am konzentriertesten sind. Stellen Sie hier ein Schild auf Ihren Arbeitsplatz, mag das befremdlich wirken. Deshalb sollten Sie für diesen Fall Ihre StudienfreundInnen informieren. Alle übrigen, die nichts von Ihrem Schreibzeitplan wissen, informieren Sie, wenn sie Sie stören und gehen zurück an die Arbeit. Sie können ihnen auch durch Ohrstöpsel oder Kopfhörer signalisieren, dass Sie von Ihrer Umgebung nichts mitbekommen möchten. Eine Mauer aus Büchern auf Ihrem Arbeitsplatz könnte Sie zwar noch mehr abschotten, widerspräche jedoch der Empfehlung, nur das benötigte Material auf dem Tisch liegen zu haben.

Die Verlockung kann groß sein, der Einladung von FreundInnen während der Schreibsitzung zu folgen. Besinnen Sie sich aber auf den Zweck Ihres Schreibzeitplans: Sie schreiben für eine bestimmte Zeit, damit Sie die restliche Zeit mit anderen Dingen, unter anderem Ihren FreundInnen, verbringen können. Denn ansonsten laufen Sie Gefahr, beim Kaffee daran zu denken, was Sie stattdessen tun sollten – nämlich schreiben. Selbst wenn Sie beim Kaffee über den geplanten Arbeitsschritt sprechen, gilt das nicht als Schreiben.

Erklären Sie für sich und, falls Sie wollen, Ihren Mitmenschen gegenüber die Schreibsitzungen für heilig (Boice 2000: 139; Kruse 2007: 249). Verteidigen Sie Ihre Schreibzeit gegen Störungen durch Ihr Umfeld (Silvia 2007: 15) und geben Sie ihr die Priorität, die ihr laut Ihrem Schreibzeitplan gebührt.

Es wird immer Personen geben, die Ihre vorübergehende Abschottung nicht verstehen oder respektieren werden. Machen Sie sich nichts daraus, sondern halten Sie sich an Ihren Plan, anstatt den Störenfrieden wiederholt Ihr Tun zu erklären. Es wird auch immer wieder Personen geben, die Ihre Zeitplanung respektieren – vor allem jene, die selbst einem Plan folgen. Vielleicht inspirieren Sie auch die eine oder andere Person, die sieht, wie Sie Ihre Schreibzeit verteidigen und dabei mit den Schreibaufgaben vorwärtskommen.

Bedingungen, nicht Abhängigkeiten

Mit der Zeit werden Sie erkennen, unter welchen Bedingungen und in welcher Umgebung Sie am besten schreiben. Beeinflussen Sie die Bedingungen soweit es Ihnen möglich ist, damit Ihre Schreibumgebung Ihren Vorlieben entspricht – solange Sie darin die Aufgaben erledigen können, die Sie sich gegeben haben.

Eine Gefahr besteht jedoch: Wenn Sie die besten Bedingungen hergestellt oder vorgefunden haben und nur noch schreiben können, wenn genau diese Bedingungen vorherrschen. Es kann sein, dass Sie nur bei einer bestimmten Art Musik schreiben können oder auf Ihrem bevorzugten Bürostuhl, mit Ihrem Computer, bei besonderem Licht oder speziellen Düften. Wann immer also bestimmte äußere Bedingungen fehlen, sind Sie überzeugt, dass Sie nicht schreiben können. Wie Sie merken, geraten Sie mit solchen Abhängigkeiten in Schwierigkeiten, denn wann ist Ihre Schreibumgebung schon perfekt? Einmal werden Sie von anderen Personen gestört, Ihr Computer funktioniert nicht wie erwartet oder Ihnen ist Ihr Lieblingskaffee ausgegangen, ohne den Sie kein

Wort zu Papier bringen. Beginnt die Schreibumgebung Sie zu dominieren, sollten Sie die Bedingungen, die Sie zu benötigen meinen, überdenken.

Der Politikwissenschaftler Ekkehart Krippendorff (2000: 28) erzählt beispielsweise von seinen „Schreib-Abhängigkeiten". Für Ihn müssen der zeitliche Rahmen, die Schreibutensilien, Ruhe und andere Bedingungen vorhanden sein, damit er schreiben kann (2000: 27–28). Klingelt das Telefon während er schreibt, kann es ihn bis zu einer Stunde aus dem Konzept bringen (2000: 27).

Krippendorff erwähnt drei berühmte Schriftsteller, die ebenso von bestimmten Voraussetzungen fürs Schreiben abhängig waren: „Schiller z.B. brauchte zum Arbeiten den Geruch von faulenden Äpfeln in seinem Schreibpult" (2000: 27). Goethe schien weiße Blätter im Textstapel zu benötigen, damit er an Textstellen gelockt wurde, an denen er arbeiten wollte. Es war sein Trick, sich auf die Sprünge zu helfen (2000: 27–28). Als drittes Beispiel nennt Krippendorff den französischen Schriftsteller Balzac. Dieser benötigte zum Schreiben „nächtliche Dunkelheit, viel Kaffee, blaues Papier, eine bestimmte Sorte Federn" (2000: 28; für andere Beispiele siehe Currey 2013).

Im Idealfall werden Sie immer und überall schreiben können, wenn es Ihr Schreibzeitplan verlangt – ungeachtet dessen, ob Sie in der gewünschten Schreibumgebung sind oder nicht. Geht Ihr Lieblingskaffee aus, trinken Sie zur Abwechslung einen anderen Kaffee oder ein anderes Getränk. Bombardiert Ihr Computer Sie mit Fehlermeldungen oder stürzt gar ab, schreiben Sie eben mit Stift und Papier. Und wenn Sie von Ihren Mitmenschen gestört werden, ertragen Sie es zur Abwechslung und schreiben so gut es geht trotzdem weiter. In einer nächsten Schreibsitzung werden die Bedingungen hoffentlich förderlicher sein. Finden Sie sie jedoch nicht vor oder können sie nicht herstellen, so halten Sie sich trotzdem an Ihren Plan und schreiben. Vielleicht versuchen Sie ja, zu einer unmöglich störungsfreien Zeit oder an einem ungeeigneten Ort zu schreiben. Wiederholt es sich mehrmals, dass Sie aufgrund der Schreibumgebung nicht wie geplant arbeiten können, sollten Sie über eine Plan- oder Ortsänderung nachdenken. Klappt es auch mit neuem Plan und neuem Arbeitsort nicht, sollten Sie Ihre Einstellung zum (planmäßigen) Schreiben überdenken (dazu mehr in Schritt 9).

Zum Weiterlesen über …

die Gestaltung der Schreibumgebung

- Currey, Mason (2013): Daily Rituals. How Artists Work. New York: Alfred A. Knopf.
- Keyes, Ralph (2003): The Courage to Write. How Writers Transcend Fear. New York: Henry Holt and Company. (Kap. 7)
- Krippendorff, Ekkehart (2000): Schreiben – mit Papier und Kugelschreiber. In: Narr, Wolf-Dieter; Stary, Joachim (Hrsg.): Lust und Last des wissenschaftlichen Schreibens. Hochschullehrerinnen und Hochschullehrer geben Studierenden Tips. Frankfurt a. M.: Suhrkamp, S. 27–35.

Schritt 7:
Die Schreibsitzung und ihre Tücken

Sie haben einen Schreibplan, Sie wissen womit Sie sich befassen wollen und haben sich die bestmögliche Arbeitsumgebung eingerichtet. Nun müssen Sie sich hinsetzen und schreiben. Dass dabei nicht immer alles reibungslos abläuft, haben Sie bestimmt auch schon erfahren.

In diesem Kapitel stelle ich den Verlauf einer Schreibsitzung vor und weise auf mögliche Herausforderungen hin. Die Herausforderungen können sich aber zu hartnäckigen Problemen verwandeln, mit denen Sie wiederholt kämpfen. Damit Sie sich von diesen nicht frustrieren lassen und sogar eine Schreibsitzung abbrechen, müssen Sie sich geduldig selbst beobachten. Ansonsten lassen Sie sich von den Schwierigkeiten in Beschlag nehmen. Das Ziel wäre, vorher zu merken, was passiert, um sich wieder der Schreibaufgabe zu widmen. Das erfordert Übung und Zeit. Doch seien Sie beruhigt, die meisten Schreibenden, inklusive mir, schlagen sich ab und an mit solchen Tücken herum. Damit Sie Ihren Schreibzeitplan einhalten können, sollten Sie also mit den Herausforderungen oder hartnäckigen Tücken umzugehen wissen.

Bevor ich über die Herausforderungen der Schreibsitzung spreche, möchte ich Ihnen anhand eines Beispiels zeigen, wie Sie Ihre Erfahrungen während einer Schreibsitzung aufzeichnen können.

Reflexion: Protokoll einer Schreibsitzung

Eine Ratsuchende, die am Beginn ihrer Doktorarbeit stand, wollte nach dem ersten Beratungsgespräch herausfinden, wie viel sie in einer Stunde schreiben kann. Sie hatte sich vorgenommen, an einem Kapitel zu arbeiten, bei dem sie wusste, was sie schreiben wollte. Zuerst wollte sie Stichworte sammeln und diese anschließend in einen Text umarbeiten. Nach ihrer Schreibsitzung sandte sie mir eine E-Mail, in der sie ihre Erfahrungen in Form einer Liste reflektierte. In ihrer Liste wurde klar, mit welchen Herausforderungen sie zu kämpfen hatte.

Ich gebe die Liste mit Erlaubnis der Ratsuchenden leicht verändert wieder. Die Liste macht verschiedene Schwierigkeiten sichtbar, die selbst innerhalb nur einer Schreibsitzung auftreten können.

1. Sie schreibt Stichworte auf.
2. Sie stellt Fragen, die im Kapitel beantwortet werden sollen.
3. Neue Stichworte und Kapitel kommen dazu; Begriffserklärungen und Kontextualisierungen werden nötig, neue Begriffe kommen hinzu; sie kommt nicht zum Schreiben.
4. Dokumente, die sie benötigen würde, sind auf einem anderen Computer abgelegt.
5. Sie lässt sich schnell ablenken.
6. Sie ist müde.
7. Sie liest die ersten zwei, drei Sätze nochmals durch.
8. Sie korrigiert und überarbeitet.
9. Sie stellt sich neue Fragen und wird unsicher, warum sie das Kapitel schreibt, und fragt sich, ob es passt und richtig ist.
10. Sie zweifelt.
11. Sie liest nochmals durch, was sie geschrieben hat. Sie liest laut und überarbeitet.
12. Sie ärgert sich, weil sie wiederholt das Wort „beschrieben" verwendet.
13. 90 Minuten später hat sie 1300 Zeichen geschrieben. Sie ist müde und frustriert.
14. Sie nimmt sich vor, am nächsten Tag daran weiter zu arbeiten.

Die Doktorandin findet während des Schreibens heraus, dass sich hinter dem Vorhaben mehr verbirgt, als sie gedacht hat, und kommt deshalb nicht so schnell vorwärts wie gewünscht. Sie merkt auch, dass sie nicht genügend vorbereitet ist (Dokumente auf einem anderen Computer). Sie lässt sich schnell ablenken, wird müde, überarbeitet sogleich das Geschriebene und fängt schließlich an zu zweifeln. Am Ende hat ihre Schreibsitzung 90 anstatt 60 Minuten gedauert. Sie ist mit dem Ergebnis unzufrieden, obwohl sie ihr Ziel erreicht hat, denn sie hat herausgefunden, wie viel sie in einer bestimmten Zeit schreiben kann.

Trotz der Herausforderungen hat sie bei genauerer Betrachtung neue Erkenntnisse über ihren Schreibprozess gewonnen. Einige der Herausforderungen kann sie nun angehen, in dem sie zum Beispiel versucht, Prozessschritte zu trennen (Schreiben und Überarbeiten), sich ein klareres Ziel steckt, eine andere Tageszeit fürs Schreiben reserviert (nicht mehr am Abend nach einem langen Arbeitstag) und sich nicht durch Zweifel beirren lässt.

Falls Sie noch nicht wissen, wie bei Ihnen eine Schreibsitzung verläuft, können Sie ein vergleichbares Sitzungsprotokoll verfassen. Damit Sie das Protokoll nicht von der eigentlichen Schreibarbeit ablenkt, können Sie es in einer kurzen Pause während oder kurz nach der Sitzung anfertigen. Haben Sie mehrmals ein solches Protokoll erstellt, finden Sie heraus, mit welchen Herausforderungen Sie kämpfen. Womöglich erkennen Sie auch bereits Veränderungen, die sich durch die bewusste Beobachtung des Prozesses ergeben haben.

Beginn der Schreibsitzung

Selbstverständlich wäre es ideal, könnten Sie sich ohne Umschweife an Ihren Arbeitsplatz setzen und sogleich mit der Arbeit beginnen. Aber wie das mit Idealen so ist, treten sie nicht immer ein, wenn man sie sich wünscht. Der Beginn kann bereits Herausforderungen mit sich bringen. Haben Sie Schwierigkeiten, sich überhaupt an Ihren Arbeitsplatz zu setzen, könnte Ihnen ein Trick weiterhelfen. Betrachten Sie die Schreibsitzung als einen verbindlichen Termin wie jeden anderen auch. Schreiben ist Teil Ihrer Arbeit (selbst wenn Sie noch in Ausbildung sind) und deshalb müssen Sie sich wie geplant an die Arbeit begeben. Es gibt auch für die routiniertesten Schreibenden immer wieder Tage, an denen Sie sich lieber nicht hinsetzen möchten. Sie wenden sich dem Schreiben aber trotzdem zu, weil es ihre Arbeit ist (siehe Currey

2013). Falls Sie also Mühe haben, zu beginnen, stellen Sie sich vor, Sie würden zur Arbeit gehen.

Falls Sie nicht wissen, womit Sie sich in der anstehenden Schreibsitzung befassen wollen, wird der Anfang umso schwieriger. Deshalb sollten Sie eine konkrete Aufgabe vor sich haben, sei sie auch noch so einfach und klein. Wissen Sie bereits zu Beginn der Sitzung, dass Sie die Aufgabe niemals bis Sitzungsende erledigen können, werden Sie sich auch schwerer tun, diese anzugehen. Eine machbare Aufgabe hilft Ihnen dagegen, den Mut aufzubringen, trotzdem anzufangen.

Sie befinden sich nun an Ihrem Arbeitsplatz und haben alle potentiellen Störquellen in Ihrer Umgebung unter Kontrolle gebracht. Ihren Mitmenschen haben Sie klar gemacht, dass Sie nicht gestört werden möchten. Ihre Aufmerksamkeit gehört jetzt ausschließlich der Aufgabe. Erst wenn die Schreibsitzung zu Ende geht, erlauben Sie sich, anderen Dingen Beachtung zu schenken.

Wie bereits angesprochen, müssen Sie nicht gleich ins Schreiben einsteigen, wenn Sie das nicht können oder wollen. Gut möglich, dass Sie eine gewisse Vorlaufzeit benötigen, bis Sie sich ins Thema hineingedacht haben und schreiben können. In diesem Fall erlauben Sie sich eine bestimmte Zeit innerhalb der Schreibsitzung zum Aufwärmen. Sie können beispielsweise mittels verschiedener Methoden herausfinden, was Sie über das Thema der Aufgabe wissen und was noch unklar geblieben ist (z.B. mittels Clustering, Mindmap, automatischem Schreiben o.ä.). Sie können auch Ihre Notizen sichten und ordnen, um danach strukturiert zu schreiben. Oder Sie lesen, was Sie in Ihrer letzten Schreibsitzung geschrieben haben, um sich den Stand des Textes zu vergegenwärtigen. Sie können sich also auf verschiedene Arten aufs Schreiben vorbereiten, je nachdem, welche Aufgabe ansteht.

Obwohl Sie bereits in der Aufwärmphase darauf achten müssen, den Fokus nicht zu verlieren (außer Sie wählen eine Aufwärmübung, in der Sie Schreiben dürfen, was Ihnen gerade in den Sinn kommt), beginnt nun die Phase, in der Sie sich konzentriert der Aufgabe widmen wollen. Diese Phase bringt Herausforderungen mit sich, denen Sie sich bewusst sein sollten.

Gedanken und Bedürfnisse

Den Fokus während einer längeren Zeit aufrechtzuerhalten, kann sich als schwieriges Unterfangen erweisen. Es kann selbstverständlich auch vorkommen, dass Sie sich vollständig konzentrieren können und sich dabei von nichts und niemandem stören lassen. Im Folgenden konzentriere ich mich jedoch auf die Herausforderung, den Fokus zu behalten. Werfen Sie Gedanken und Bedürfnisse aus der Bahn, müssen Sie Ihre Aufmerksamkeit wiederholt auf das Zentrum des Interesses richten. Fokussieren heißt refokussieren – immer wieder. Das erfordert Übung und Geduld.

Sie fokussieren sich auf die Aufgabe und denken über das Thema nach. Während Sie Ihre Gedanken formen, um Sie niederzuschreiben, kommt Ihnen unverhofft in den Sinn, dass Sie vor der Schreibsitzung bemerkt haben, dass keine Milch mehr im Haus ist. Sie wollten den Einkaufszettel ergänzen, haben es aber vergessen. Vielleicht stehen Sie nun automatisch auf, gehen in die Küche und notieren kurz die Milch auf dem Zettel. Weil Sie gerade dabei sind, schauen Sie nach, was noch im Haushalt fehlt. Ihnen ist womöglich bereits nicht mehr bewusst, welche Tätigkeit Sie unterbrochen haben. Vom Einkaufszettel geht es zur Post, die auf dem Tisch liegt. Sie wollten sowieso einen Kaffee kochen, also können Sie kurz einen Blick in die Zeitung werfen, während Sie warten. Dies kann so weitergehen, so dass Sie erst nach längerer Zeit, vielleicht kurz vor Ablauf Ihrer Schreibsitzung, bemerken, dass Sie sich verzettelt haben. Sie haben sich durch Ihre Gedanken ablenken lassen und wurden anschließend durch äußere Impulse wiederholt vom Arbeitsplatz ferngehalten.

Zugegeben, das mag ein etwas extremes Beispiel sein. Aber solche Abschweifungen können vorkommen, ohne dass wir das absichtlich zulassen würden. Die Herausforderung liegt nun darin, frühzeitig zu merken, dass Sie durch Gedanken und anderes abschweifen und sich erneut der ursprünglichen Aufgabe widmen (was mir gerade bei der Niederschrift dieses Satzes passiert ist) – immer und immer wieder. Mit der Zeit und mit Übung werden Sie schneller bemerken, wovon Sie sich ablenken lassen und können Ihren Fokus zurück auf Ihre Aufgabe richten.

Es gibt verschiedene gedankliche Impulse, die Sie von der Arbeit weglocken. Gedanken an Dinge, die Sie noch erledigen sollten, gehören dazu (z.B. die Milch-Geschichte, aber auch Literatursuche, ein Zitat nachschauen, aufräumen oder eine E-Mail schreiben). Tagträume ziehen Sie in eine andere gedankliche Richtung als jene, die Ihre Aufgabe erfordert. Assoziationen bringen Sie immer weiter vom eigentlichen Thema ab und verleiten Sie womöglich dazu, an anderen Aufgaben zu arbeiten als geplant. Diese und andere Gedankengänge werden Sie fortlaufend überkommen und Sie auf andere, für die Zeit der Schreibsitzung irrelevante Gedanken bringen. Aber keine Angst, diese gedanklichen Vorgänge sind normal.

Gut möglich, dass Sie plötzlich merken, wie Sie sich eine Tasse Kaffee holen oder erneut einer Tätigkeit nachgehen, die nicht mit Ihrer Schreibsitzung zusammenhängt. Sie erinnern sich nicht, sich bewusst entschieden zu haben, aufzustehen und Kaffee zu kochen. In einem solchen Fall folgen Sie automatisch einem Bedürfnis, dem Sie auch außerhalb der Schreibsitzung unbewusst folgen. Impulse dieser Art zu bemerken und Ihnen bewusst nicht nachzugeben, sondern sitzen zu bleiben, dürfte anfänglich schwierig sein. Aber genauso wie mit den Gedanken, üben Sie sich in Geduld, stellen fest, dass Sie einen Kaffee oder etwas anderes möchten, und entscheiden sich dafür, sich wieder der Aufgabe zu widmen.

Zur gedanklichen und bedürfnisbedingten Ablenkung kommt noch eine zusätzliche Herausforderung, die genauso störend wirken kann. Falls Sie sich dabei ertappen, dass Sie seit ein paar Minuten an etwas ganz anderes denken, sind Sie vielleicht darüber genervt. Sie fragen sich, ob Sie sich überhaupt jemals konzentrieren können. Sie konnten das offenbar noch nie – und driften in einen anderen Gedankengang ab. Womöglich merken Sie dann, dass Sie sich ablenken, indem Sie sich über Ihre vermeintliche Unfähigkeit, sich zu konzentrieren, aufregen – und regen sich erneut auf. Auch das sind normale Vorgänge im menschlichen Bewusstsein.

Umgang mit der Gedankenflut

Was können Sie also tun, wenn Sie eine Flut von Gedanken überschwemmt? Nehmen Sie sie zur Kenntnis, sobald Sie sich der Gedanken bewusst werden und verurteilen Sie sich nicht dafür, dass Sie abschweifende Gedanken haben. Wenn Sie festgestellt haben, dass Ihre Gedanken sich verlieren – wohin und für wie lange auch immer –, kehren Sie zur Aufgabe zurück und arbeiten weiter. Beim nächsten Mal, wenn Sie Gedanken stören, vielleicht bereits einige Sekunden oder Minuten später, tun Sie dasselbe. Dadurch entsteht folgende Gedankenbewegung: fokussieren – abschweifen – refokussieren – abschweifen – refokussieren etc.

Während anfänglich die Phasen, in denen Sie gedanklich in eine andere Richtung abgleiten, mehrere Minuten andauern können, verkürzen sie sich im Idealfall zu wenigen Sekunden. Nur wenn Sie vollumfänglich fokussiert, also im Flow sind, werden Sie über Minuten oder gar Stunden ohne gedankliche Unterbrechung arbeiten können (Csikszentmihalyi 2013). Ansonsten gehört es zum Normalzustand unseres Gehirns, ununterbrochen Gedanken zu produzieren. Versuchen Sie also nicht, Ihre sonstigen Gedanken ausschalten zu wollen, damit Sie ungestört schreiben können. Beschränken Sie sich besser darauf, ablenkende Gedanken sich bereits dann zu vergegenwärtigen, sobald Sie im Entstehen sind, um Ihre Aufmerksamkeit zurück auf die Aufgabe zu richten. Nur mit beharrlicher Übung werden Sie Ihre Konzentrationsfähigkeit auf diese Art steigern können.

Innerer Zensor

Alle Schreibenden besitzen eine innere Stimme, den sogenannten inneren Zensor, der uns beim Schreiben das Leben erschweren kann (Boice 2000: Kap. 14; Wolfsberger 2010: Kap. 16). Er sagt uns, was wir falsch machen, dass die Qualität des Geschriebenen nicht genügt, dass wir lieber sofort überarbeiten sollten und ähnliche Dinge. In dem Sie dem inneren Zensor seinen Platz zuweisen, übernehmen Sie die Kontrolle über Ihren Fokus.

Während die oben beschriebenen Gedanken Sie von der Aufgabe ablenken und weit wegführen können, geschieht beim störenden Zensor das Gegenteil. Er führt Sie entweder zurück zu dem, was Sie eben geschrieben haben oder er lässt Sie auf der Stelle treten. Im ersten Fall beschäftigen Sie sich mit Detailfragen – Habe ich dieses Komma richtig gesetzt?; Wird dieses Wort wirklich so geschrieben?; Kann ich diesen Begriff hier verwenden? –, die Sie erst bei einem der Überarbeitungsschritte beachten müssten. Im zweiten Fall kann Sie der innere Zensor lähmen, weil er Sie glauben lässt, dass das Geschriebene auf Anhieb richtig sein müsse (Silvia 2007: 75). Indem Sie sich über längere Zeit mit einem Satz oder gar einem Satzteil befassen, verlieren Sie kostbare Zeit. Sie werden womöglich auch das Ziel Ihrer Schreibsitzung nicht erreichen. Außerdem setzen Sie sich einem großen Druck aus, der durch eine perfektionistische Haltung verursacht wird.

Ähnlich wie mit den störenden Gedanken können Sie auch mit dem Zensor umgehen. Geht es Ihnen einfach nur darum, etwas niederzuschreiben, so hören Sie nicht auf ihn. Er wird immer wieder bewerten, kritisieren und Ihnen sagen wollen, was Sie ändern und verbessern müssen. Sobald Sie merken, dass der Zensor aktiv wird, können Sie den inneren Monolog zur Kenntnis nehmen und Ihren Fokus erneut auf die Aufgabe richten. Denn für den Moment können Sie es sich erlauben, nicht auf die zensierende Stimme zu hören.

Schenken Sie dem Zensor keinen Glauben und wählen Ihre Haltung dem Schreiben gegenüber bewusst, werden Sie nicht auf derselben Stelle treten. Selbst wenn Sie Ihren Text überarbeiten, gibt es keinen Grund, weshalb Sie Ihr Zensor blockieren sollte. Ein Text ist für gewöhnlich nicht in Stein gemeißelt. Selbst nach mehrmaliger Überarbeitung wird ein Text nie perfekt sein (siehe Wolfsberger 2010: Kap. 21). Deshalb lohnt es sich, dass Sie bereits früh im Schreibprozess das Loslassen üben (Murray 2004: Kap. 11) und erst dann auf Ihre kritische innere Stimme hören, wenn der Zeitpunkt dafür gekommen ist.

Zurück an die Arbeit

Egal an was Sie arbeiten oder welches Ziel Sie sich für die Schreibsitzung gesteckt haben, konzentrieren Sie sich immer wieder, wenn Sie gerade abgelenkt waren. Mit der Zeit werden Sie besser und schneller beim Refokussieren. Auch der innere Zensor wird Sie weniger häufig unterbrechen. Selbst wenn er noch so hartnäckig ist, beachten Sie ihn einfach nicht. Das Ziel wäre, dass Sie akzeptieren können, dass ablenkende Gedanken und Bedürfnisse dazu gehören, Sie Ihnen aber nicht nachgeben müssen. Darauf zu hoffen, dass Sie in jeder Schreibsitzung von störenden Gedanken und Bedürfnissen frei sind, dürfte sich als unrealistisch erweisen. Selbst wenn Sie für die ganze Dauer Ihrer Schreibsitzung kein Flow-Erlebnis haben, kann sich Ihre Konzentration durch den bewussten Umgang mit Ablenkungen verbessern. Sollte es Ihnen einmal weniger gut gelingen, besteht kein Anlass, an Ihrer Konzentrationsfähigkeit zu zweifeln. Jede Schreibsitzung ist anders und auch Sie sind nicht immer gleich gut drauf, um konzentriert an Ihren Schreibaufgaben zu arbeiten.

Pausen

Dauert Ihre Schreibsitzung länger als eine Stunde, dürfen Sie nicht vergessen, geplant Pausen einzulegen. Machen Sie Pausen von fünf Minuten oder länger, in denen Sie aufstehen, sich bewegen, frische Luft schnappen oder etwas trinken. Wählen Sie die Pausenbeschäftigung so, dass Sie für die kurze Zeit entspannen können. Ihr Körper und besonders Ihre Augen werden es Ihnen danken. Widmen Sie sich jedoch keinen Dingen, durch die Sie die Pausendauer ausdehnen könnten, weil Sie sich verzetteln.

E-Mails oder die letzten Meldungen auf sozialen Medien abzurufen, kann dazu führen, dass Sie die Zeit vergessen oder sich in neue Inhalte verstricken, die Sie von der eigentlichen Aufgabe ablenken. Selbst wenn Sie die Pausendauer einhalten und danach zurück an die Arbeit gehen, könnte es sein, dass Sie das soeben Gelesene weiter beschäftigt und fortan Grund zur Ablenkung wird.

Deshalb tun Sie gut daran, diese und andere potentielle Ablenkungsquellen für die Dauer der Schreibsitzung, inklusive der Pausen, zu meiden.

Verbringen Sie mit anderen Personen die Pause, verdeutlichen Sie, wann Sie zurück an die Arbeit müssen. Sie haben nach dem Ende der Schreibsitzung wieder Zeit, Gespräche zu führen, die den Rahmen Ihrer Pause sprengen würden. Falls Sie Ihre Mitmenschen über Ihren Schreibzeitplan informiert haben, werden Sie von diesen vielleicht sowieso nach Ablauf der Pause zurück an Ihren Arbeitsplatz geschickt.

Finden Sie selbst heraus, welche Art von Pause Sie kurz entspannen lässt und dabei unterstützt, erneut konzentriert weiterzuarbeiten. Übernehmen Sie die Kontrolle über Ihre Pausen, damit Sie die Kontrolle über Ihren Fokus behalten.

Ende der Schreibsitzung

Nachdem Sie sich für die Dauer der geplanten Schreibsitzung hingesetzt und geschrieben haben, trotz der Ablenkungen durch Gedanken, Bedürfnisse und äußere Einflüsse, wird es Zeit, die Arbeit vorläufig abzuschließen. Nun ist der Zeitpunkt gekommen zu überprüfen, ob Sie Ihr Sitzungsziel erreicht haben. Nehmen Sie also Ihre Tabelle oder ein anderes Instrument zur Fortschrittskontrolle zur Hand und tragen Sie die Informationen ein. Denken Sie daran, dass Sie primär sich selbst Rechenschaft schuldig sind. Falls Sie einer Schreibzeitplan-Gruppe angehören, wie in Schritt 5 beschrieben, werden Sie dort zwar auch Rechenschaft ablegen müssen. In letzter Instanz geht es aber stets um Sie und Ihren persönlichen Fortschritt. Seien Sie sich gegenüber also ehrlich. Eine ehrliche, wenn auch schonungslose Kontrolle Ihres Schreibfortschritts kann Ihnen in der Gegenwart (Motivation) und der Zukunft (Planung) helfen.

Abschließend können Sie festhalten, woran Sie in der nächsten Schreibsitzung arbeiten. Falls Sie noch Zeit zur Verfügung haben und bereits mehr über die nächste Aufgabe wissen, können Sie Notizen zum Thema, einer Struktur oder zu Fragen und Thesen festhalten. Die Notizen werden Ihnen den Einstieg in die nächste

Schreibsitzung erleichtern, weil Sie bereits genau wissen, woran Sie arbeiten werden. Sollten Sie noch keine klaren Vorstellungen haben, können Sie beispielsweise ein Brainstorming vornehmen oder auch diejenigen Dinge notieren, über die Sie noch nichts wissen. Dadurch setzen Sie einen Denkprozess in Gang, der sich bis zur nächsten Sitzung im Hintergrund entfalten kann. Falls Sie jedoch am Ende der Schreibsitzung keine Zeit dafür haben, denken Sie daran, spätestens am Vorabend der nächsten Sitzung zu wissen, woran Sie arbeiten wollen.

Nach getaner Arbeit – sei das nach 30 Minuten oder zwei Stunden – dürfen Sie sich wieder anderen Dingen zuwenden. Hier kommen Belohnungen ins Spiel, von denen der nächste Schritt des Schreibzeitplans handelt.

Zum Weiterlesen über ...

Konzentration/Flow

- Csikszentmihalyi, Mihaly (2013): Flow: Das Geheimnis des Glücks. Stuttgart: Klett-Cotta.

den inneren Zensor

- Boice, Robert (2000): Advice for New Faculty Members. Nihil Nimus. Boston: Allyn & Bacon. (Kap. 14)
- Wolfsberger, Judith (2010): Frei geschrieben. Mut, Freiheit & Strategie für wissenschaftliche Abschlussarbeiten. (UTB 3218). Wien: Böhlau Verlag. (Kap. 16)

Perfektionismus und Loslassen

- Murray, Donald M. (2004): The Craft of Revision. Boston: Thomson Wadsworth. (Kap. 11)
- Wolfsberger, Judith (2010): Frei geschrieben. Mut, Freiheit & Strategie für wissenschaftliche Abschlussarbeiten. (UTB 3218). Wien: Böhlau Verlag. (Kap. 21)

Schritt 8:
Rituale, Belohnungen und andere Mittel

Damit Sie einerseits das Schreiben zu einer Routine etablieren können und Sie andererseits motiviert sind, diese aufrechtzuerhalten, stehen Ihnen eine Vielfalt von Ritualen und Belohnungen zur Verfügung. Rituale können Sie vor der Schreibsitzung einsetzen und Belohnungen danach. Im Folgenden stelle ich mögliche Tätigkeiten und Dinge vor, die sich dafür eignen und solche, die sich als hinderlich erweisen könnten. Letztlich entscheiden jedoch Sie, ob und welche Rituale und Belohnungen Sie zur Unterstützung Ihres Schreibzeitplans einsetzen. Falls nichts davon helfen sollte, gäbe es noch die Möglichkeiten von Strafen.

Reflexion: Rituale und Belohnungen

Erstellen Sie in wenigen Minuten eine Liste aller Rituale bzw. routinemäßiger Aktivitäten und Belohnungen, die Sie bisher fürs Schreiben eingesetzt haben. Haben Sie die Liste vor sich liegen, bewerten Sie jeden Eintrag danach, wie hilfreich oder hinderlich er für Sie ist. Notieren Sie danach Dinge, die Sie gerne als Rituale und Belohnungen zur Unterstützung Ihrer neuen Schreibgewohnheit einsetzen möchten. Sie können die Liste im Laufe der Zeit ergänzen. Dahinter steht die Idee, dass Sie sich Dinge aus der Liste aussuchen und diese in den nächsten Wochen bewusst für Ihre Schreibsitzungen einsetzen. Finden Sie heraus, welche Rituale und Belohnungen Ihnen helfen, Ihre Sitzungen erfolgreich zu absolvieren.

Einstiegsrituale

Vielleicht geht es Ihnen wie vielen anderen Schreibenden, die nicht einfach so drauflos schreiben können, obwohl sie es geplant haben. Es fällt Ihnen schwer, sich zu überwinden, oder Sie fürchten sich vor der anstehenden Arbeit. Selbst die Formulierung kleiner Aufgaben und Ziele für eine Schreibsitzung mag das nicht in jedem Fall ändern. Mir ist es lange Zeit so ergangen, obwohl ich wusste, dass es gut gehen wird, sobald ich angefangen hatte zu schreiben.

Um den Übergang angenehmer zu gestalten, können Sie sich über ritualisierte Tätigkeiten der Schreibsitzung annähern. Anstatt dass Sie also jedes Mal ins unangenehm kalte Wasser springen, können Sie es zuerst aufwärmen, bevor Sie hineinsteigen müssen. Sie geben sich dabei Zeit, sich mental oder auch physisch auf die anstehende Arbeit vorzubereiten.

Als Einstiegsrituale eignen sich verschiedene Tätigkeiten. Einziges Kriterium sollte jedoch sein, dass die Tätigkeiten Sie nicht davon ablenken, mit der Schreibsitzung pünktlich zu beginnen. Da ein Ritual wiederholt stattfindet und damit zu einer Gewohnheit eigener Art wird, wäre eine Ablenkung für Ihre Schreibgewohnheit destruktiv. Mit dem Einstiegsritual wollen Sie ja erreichen, dass der Übergang zum Schreiben reibungslos verläuft.

Falls Sie genügend Zeit zur Verfügung haben und Ihnen eine Tätigkeit als Ritual nicht ausreicht, können Sie mehrere Aktivitäten nacheinander zusammenstellen. Bei großen Widerständen gegenüber der Schreibsitzung kann Sie eine Serie von Ritualen schrittweise ans Schreiben führen. Um die Analogie von vorhin aufzunehmen: Sie springen somit nicht ins angewärmte Wasser, sondern waten langsam und stetig hinein. Achten Sie aber auch bei mehreren Tätigkeiten darauf, dass sich darunter keine befindet, die den Einstieg stören oder sogar zunichte machen könnte.

Beispiele von Ritualen

Lassen Sie mich einige Tätigkeiten aufzählen, um Ihnen eine Idee zu geben, welche sich möglicherweise als Einstiegsrituale eignen: Bereiten Sie sich ein Getränk zu; machen Sie Körperübungen; unternehmen Sie einen kleinen Spaziergang im nahe gelegenen Park oder im Viertel; zeichnen Sie; entspannen Sie sich bewusst oder legen Sie eine Ruhepause ein (z.B. mit Meditation); wärmen Sie sich mit Schreibübungen wie dem Clustering oder automatischen Schreiben auf; falls Sie einen Hund haben, können Sie mit ihm Gassi gehen; oder Sie hören sich ein Lied an, dass Ihnen besonders gefällt.

Diese oder andere Tätigkeiten sollten Sie positiv auf die Schreibsitzung vorbereiten. Am Anfang können Sie noch experimentieren, welche Aktivität Sie am besten aufs Schreiben einstimmt. Haben Sie einmal eine (oder mehrere) gefunden, wird (werden) diese Teil Ihrer Schreibgewohnheit. Das heißt, immer wenn Sie diese Tätigkeit(en) zu einer bestimmten Zeit durchführen, werden Sie danach an einer Schreibaufgabe arbeiten.

In meinem Fall hat sich das automatisch ergeben. Da ich morgens um sieben Uhr anfange zu schreiben, besteht mein Einstiegsritual aus Aufstehen, Duschen, Frühstücken und Zähneputzen. Danach setze ich mich sofort an den Schreibtisch, starte meinen Computer und beginne zu arbeiten. Ich muss jedoch auch experimentieren, möchte ich später am Tag neue Schreibsitzungen einplanen. Welche Tätigkeit ich als Ritual wähle, hängt davon ab, was ich vor den Schreibsitzungen tue und wie viel Zeit zwischen den beiden Aktivitäten liegt.

Von einem etwas verkürzten Einstiegsritual berichtet Mason Currey (2013: xiii). Um sein Buch *Daily Rituals* zu schreiben, stand er jeden Werktag um 5:30 Uhr auf, putzte seine Zähne, machte sich einen Kaffee und fing danach an zu schreiben. Wiederum andere Schreibende haben längere Einstiegsrituale, die sich aus anderen Aktivitäten zusammensetzen (siehe die vielen Beispiele in Currey 2013 und Keyes 2003).

Was weniger geeignet ist

Wie angesprochen, gibt es auch Tätigkeiten, die sich weniger gut eignen. Aber auch hier gilt: Finden Sie selbst heraus, ob das für Sie zutrifft oder ob genau eine dieser Aktivitäten sich für Sie als hilfreiches Ritual erweisen könnte.

Aktivitäten, durch die Sie Informationen aufnehmen, die mit der anstehenden Schreibaufgabe nicht im Zusammenhang stehen, können Sie ablenken. Ich denke hier beispielsweise an E-Mails, Zeitung oder einen Roman lesen, im Internet surfen, mit Mitmenschen angeregt diskutieren, fernsehen oder Videospiele spielen.

Einerseits kann es passieren, dass Sie bei diesen Aktivitäten die Zeit vergessen und dadurch Ihre Schreibsitzung mit Verspätung oder überhaupt nicht beginnen. Andererseits können sie ablenkend wirken, weil sie Sie noch während der Schreibsitzung beschäftigen (besonders E-Mails oder Diskussionen). Lenkt es Sie jedoch mehr ab, wenn Sie Ihre E-Mails oder Morgenzeitung nicht lesen konnten, dann versuchen Sie diese Tätigkeiten als Einstiegsrituale einzuführen. Sie können zwischen der Lektüre und dem Beginn der Schreibsitzung noch eine weitere Aktivität einschalten, damit sich Ihre Gedanken zum Gelesenen beruhigen können.

Bewusste Entscheidung

Sie sehen, es gibt verschiedene Möglichkeiten, den Einstieg ins Schreiben vorzubereiten. Sie können auf ähnliche Weise auch Pausen innerhalb längerer Schreibsitzungen ritualisieren, damit Sie sich nicht ablenken oder gar den Mut verlieren, fortzufahren.

Es zahlt sich aus, sich bewusst für und gegen bestimmte Tätigkeiten vor dem Schreiben zu entscheiden. Den Aufbau einer neuen, guten Gewohnheit wie dem regelmäßigen, planvollen Schreiben sollten Sie nicht mit einer hinderlichen Gewohnheit sabotieren.

Falls Sie jedoch nach längerer Zeit meinen, dass Ihre Einstiegsrituale Sie nicht mehr wie zu Beginn auf die Schreibsitzung vorbereiten, tut Ihnen vielleicht ein neues Ritual gut. Der Schriftsteller Nicholson Baker gibt sich für jedes Buch, das er schreibt, eine neue Routine. Weil sich die Situation neu anfühle, wirke sie unterstützend (Currey 2013: 68). Beachten Sie aber, dass sich die Tätigkeiten bei einem zu häufigen Wechsel nicht zu Ritualen entwickeln. Geben Sie sich Zeit, sich an sie zu gewöhnen, damit sie ihre Wirkung als Einstiegshilfen entfalten können.

Belohnungen nach der Sitzung

Selbst der erfolgreiche Abschluss einer Schreibsitzung lässt sich ritualisieren, indem Sie sich für die getane Arbeit belohnen. Schließlich haben Sie fleißig und konzentriert gearbeitet. Dafür eignen sich besonders jene Aktivitäten, auf die Sie während der Arbeit verzichten mussten. Was während dem Schreiben ablenkend wirken kann, wird nun zu einer willkommenen Abwechslung.

Sollten Sie sich jedoch belohnen, wenn Sie das Sitzungsziel nicht erreicht haben, könnte das zu einer schlechten Gewohnheit führen. Denn dann spielt das gesteckte Ziel keine Rolle mehr – Sie belohnen sich ja so oder so, Hauptsache, Sie haben am Arbeitsplatz gesessen und irgendetwas gemacht. Sie müssen sich zwar nicht bestrafen, wenn Sie einmal nicht erfolgreich waren (mehr dazu unten); Sie sollten sich aber auch nicht dafür belohnen.

Vielleicht eine unscheinbare, aber dennoch wirkungsvolle Belohnung kann die Fortschrittskontrolle sein. Am Ende Ihrer Sitzung tragen Sie die Informationen zur Schreibsitzung in Ihre Tabelle ein und erkennen, dass Sie vorwärtsgekommen sind. Einerseits halten Sie fest, dass Sie Ihr Ziel erreicht haben. Andererseits halten Sie aber auch fest, wie viel Sie in der Sitzung gearbeitet bzw. geschrieben haben. Für mich persönlich ist es Belohnung genug, meine Fortschrittstabelle zu führen, selbst wenn ich manchmal vermerken muss, dass ich nicht erfolgreich war. Wenn Sie sich nicht alleine daran erfreuen, können Sie sich mit anderen Dingen und Aktivitäten belohnen.

Haben Sie entschieden, dass Sie vor und im Verlauf der Schreibsitzung keine E-Mails, Zeitungen, Magazine oder andere (sozialen) Medien ansehen dürfen, können Sie sich nun etwas gönnen. Sie können auch die Tür Ihres Arbeitszimmers oder Büros öffnen und signalisieren so, dass Ihre Mitmenschen Sie wieder unterbrechen dürfen. Trinken Sie einen Kaffee; erholen Sie sich bei einem Spaziergang; rufen Sie FreundInnen an – und erzählen Ihnen von der erfolgreichen Sitzung; unternehmen Sie etwas, das sich für Sie wie eine Belohnung anfühlt.

Falls Sie am Ende der Schreibsitzung noch zu viele Ideen haben oder einfach weiterschreiben möchten – das kann vorkommen

–, können Sie auch das als Belohnung auffassen. Sie belohnen sich mit Schreiben fürs Schreiben. Fahren Sie jedoch nur mit Schreiben fort, wenn Sie wirklich motiviert sind und ausreichend Energie haben. Sind Sie bereits von der regulären Schreibsitzung müde, lassen Sie es besser mit dem Weiterschreiben. Das könnte mit der Zeit negative Assoziationen heraufbeschwören, auch wenn diese unbewusst wirken. Die nächste Sitzung haben Sie ja geplant und wissen, wann Sie erneut an die Arbeit müssen. Bis dahin können Sie sich mit Nicht-Schreiben belohnen.

Belohnung nach größeren Meilensteinen

Wenn Sie eine grobe, langfristige Planung Ihrer Schreibaufgaben erstellt haben, erreichen Sie immer wieder größere Zwischenziele. Das kann beispielsweise die Fertigstellung eines Kapitels, des ersten Manuskriptentwurfs oder ein vergleichbarer Meilenstein sein. Was es auch ist, Sie können sich dafür belohnen. Dadurch schieben Sie die Belohnung nicht auf das Ende der Schreibaufgabe hinaus, sondern erlauben sich die Zwischenschritte als wichtige Ereignisse zu feiern.

Tun Sie sich etwas Gutes und machen Sie sich deutlich, dass Sie einen wichtigen Abschnitt der Aufgabe erledigt haben. Wie Sie sich dafür belohnen, überlasse ich Ihnen. Belohnen Sie sich nur nicht mit etwas, das Ihre Schreibgewohnheit stören könnte. Dass heißt konkret: Belohnen Sie sich fürs Schreiben nicht damit, dass Sie eine oder mehrere geplante Schreibsitzungen auslassen (Silvia 2007: 44). Falls Sie nach Erreichen des Meilensteins eine schreibfreie Zeit oder Ferien geplant haben, handelt es sich um eine andere Sache. In diesem Fall dürfen Sie die Zeit ohne Schreibverpflichtungen genießen.

Sowohl die Belohnungen nach den einzelnen Schreibsitzungen als auch diejenigen nach Erreichen wichtiger Zwischenschritte haben einen Zweck: Sie zu motivieren und dabei zu unterstützen, in der nächsten Schreibsitzung erneut zu schreiben.

Potentielle Bestrafung als Motivation

Bestrafung klingt nicht nach Motivation. Dennoch kann sie für gewisse Schreibende Ansporn sein, zu tun, was sie geplant haben. In Härtefällen, in denen Belohnungen, Rituale und andere Strategien ihre Wirkung verfehlen, können Strafen helfen. Es müssen keine drakonischen Strafen sein. Vielmehr handelt es sich um Dinge, auf die Sie bei nicht Erfüllung Ihres Sitzungsziels verzichten müssen.

Bei diesem Thema kann ich nicht auf eigene Erfahrungen zurückgreifen. Robert Boice (1990, 2000) hat jedoch darüber geschrieben. Ich würde Ihnen vorerst keine Bestrafungsstrategien empfehlen, sondern möchte Sie dazu ermutigen, sich auf positiven Wegen zu motivieren. Bestrafung als Motivationsstrategie betrachte ich als allerletztes Mittel. Ich zweifle jedoch daran, ob sie nachhaltig wirken kann, damit das Schreiben zu einer positiv assoziierten Gewohnheit wird. Ich gebe trotzdem ein paar Beispiele, um Ihnen auch dieses Ende des Strategienspektrums aufzuzeigen. Dann erkennen Sie, was Sie unternehmen könnten, falls Ihnen nichts hilft, Ihren Schreibzeitplan aufrechtzuerhalten. Im Idealfall führt diese Aussicht dazu, dass Sie es nie soweit kommen lassen und mit positiver Motivation erfolgreich sind.

Selbstbestrafung

Nehmen wir an, Sie schaffen es nicht, sich wie geplant an den Schreibtisch zu setzen und zu arbeiten. Sie haben zwar einen realistischen Zeitplan erstellt, können sich jedoch nicht aufraffen, ihn umzusetzen. Dieses Phänomen kommt dann häufig vor, sobald Schreibende Aufgaben aufschieben. Nehmen wir auch an, dass Sie bereits verschiedene Rituale und Belohnungen ausprobiert haben, aber nichts davon die gewünschte Wirkung gezeigt hat. Die Rituale haben Sie von der eigentlichen Arbeit abgelenkt und die Belohnungen haben Sie sich bereits vor dem Schreiben gegönnt. Was können Sie also noch tun, um Ihren Schreibzeitplan unbedingt zu verwirklichen, damit Ihre Abschlussarbeit fertig wird?

Eine Möglichkeit besteht darin, dass Sie sich bestimmte Dinge oder Aktivitäten vorenthalten, wenn Sie eine Schreibsitzung nicht erfolgreich durchführen. Haben Sie also in neun von zehn Sitzungen Ihr Ziel verfehlt, würde das bedeuten, dass Sie in neun Fällen etwas nach diesen Sitzungen bzw. an diesen Tagen nicht haben oder tun dürfen.

Wenn Sie ohne die Zeitung zu lesen, den Tag nicht überstehen, wäre dies für eine potentielle Bestrafung geeignet. Lieben Sie Kaffee über alles, dann machen Sie das Kaffeetrinken von der Schreibsitzung abhängig. Oder müssen Sie jeden Morgen duschen, weil Sie sich sonst schmutzig oder nicht frisch genug fühlen, so wählen Sie das (siehe Boice 1990: 87).

Allgemein besteht das Problem darin, dass Sie sich selbst bestrafen müssen, falls Sie Ihre Ziele nicht erreichen. Aber wer bestraft sich schon gerne selbst? Dazu benötigen Sie eine hohe Dosis Selbstdisziplin, die Sie womöglich beim Schreiben nicht aufbringen können, wenn Sie diese Strategie gewählt haben. Anders ausgedrückt: Bringen Sie diese Selbstdisziplin, sich zu bestrafen, auf, können Sie sie vielleicht auch ohne Bestrafung für Ihren Schreibzeitplan einsetzen.

Ausgelagerte Bestrafung

Hilft die Aussicht auf Bestrafung, die Sie selbst vornehmen müssen, auch nicht weiter, gäbe es noch die Möglichkeit, die Bestrafung an andere Personen zu delegieren. Eine Variante funktioniert über Geldstrafen (Boice 1990: 77, 87). Sie geben einer Person, die über Ihren Schreibzeitplan Bescheid weiß, Geld zum Verwalten. Die Person hilft Ihnen durch regelmäßigen Austausch, die Fortschrittskontrolle durchzuführen. Lassen Sie nun eine Sitzung aus oder beenden sie ungenügend (die Bedingungen bestimmen Sie), spendet die Person einen Teil des Geldes einer Organisation, Partei oder Firma, die Sie nicht mögen. Falls Sie also Ihren Plan nicht erfolgreich umsetzen, geben Sie jenen Geld, die Sie eigentlich nicht unterstützen möchten. Da Sie keine Kontrolle über das Geld mehr haben, sondern die andere Person, können Sie die Überweisung als Strafe nicht verhindern. Das Problem mit dieser Strategie dürfte darin bestehen, eine Person zu finden, die dies wirklich konsequent umsetzt und Ihre Schreibarbeit mitverfolgt.

Denken Sie ständig an Bestrafung – ungeduscht herumlaufen, ohne Kaffee auskommen müssen oder Geld verlieren –, dürfte Ihnen auf lange Sicht Schreiben ein Graus bleiben (so auch Boice 2000: 141). Das würde die Absicht untergraben, den Schreibzeitplan zur Gewohnheit werden zu lassen und dabei eine gewisse Freude am Schreiben zu entwickeln.

Nochmals überdenken

Wenn Sie also Mühe mit der Durchführung Ihrer Schreibsitzungen und noch keine wirkungsvollen Rituale und Belohnungen gefunden haben, gehen Sie lieber nochmals zu Schritt 1. Vergegenwärtigen Sie sich erneut, weshalb Sie einen Schreibzeitplan aufbauen und aufrechterhalten wollen. Finden Sie heraus, was Sie dazu motiviert. Überlegen Sie sich nochmals, welche positiven Strategien Sie anwenden können, bevor Sie als letztes zur Bestrafung greifen. Sollten Sie alleine nicht zurechtkommen, suchen Sie Rat bei anderen Schreibenden, vorzugsweise anderen SchreibzeitplanerInnen, oder SchreibberaterInnen.

Zum Weiterlesen über ...

Rituale und Belohnungen professionell Schreibender

- Currey, Mason (2013): Daily Rituals. How Artists Work. New York: Alfred A. Knopf.
- Keyes, Ralph (2003): The Courage to Write. How Writers Transcend Fear. New York: Henry Holt and Company. (Kap. 7)

Schritt 9:
Einwänden trotzen

Donald M. Murray (2004: 25), der sein ganzes Leben professionell geschrieben hatte, sagte, es gibt viele Gründe und Ausreden, nicht zu schreiben. Trotzdem setzte er sich jeden Tag hin und schrieb. Er ließ sich nicht von Ausreden hinreißen, sondern setzte seinen Plan um.

Sie kennen bestimmt den einen oder anderen Grund, weshalb Sie auch schon meinten, nicht schreiben zu können. Es gibt tatsächlich gute Gründe, warum Sie ab und an eine Schreibsitzung nicht wahrnehmen können: einen Arzttermin, einen Notfall in der Familie, im Büro aufgehalten worden, Terminkollisionen und ähnliche Vorkommnisse, die Sie nicht oder nur begrenzt beeinflussen können. Es gibt aber auch andere, vermeintliche Gründe, die sich genauer betrachtet als haltlose Ausreden entpuppen. In solchen Fällen meinen Sie, nicht schreiben zu können, weil Ihnen ein Hindernis im Weg steht. Paul J. Silvia (2007: Kap. 2) spricht von fadenscheinigen Hindernissen.

Nach der Reflexionsübung stelle ich die prominentesten Ausreden vor und zeige Ihnen, weshalb Sie den Einwänden gegen das geplante Schreiben trotzen sollten.

Reflexion: Hindernisse und Einwände

Beantworten Sie folgende Fragen und vergegenwärtigen Sie sich Ihre Antworten, wann immer Sie sich sagen, dass Sie eine Schreibsitzung oder gar den gesamten Schreibzeitplan nicht einhalten können.

Welches sind die Hindernisse/Einwände, die Sie am häufigsten vom Schreiben abhalten?

Inwiefern können Sie beeinflussen, ob ein Hindernis/Einwand auftritt oder nicht?

Wie beeinflussen die Hindernisse/Einwände Ihre Zufriedenheit mit dem Schreiben? Das heißt, sind Sie zufrieden, wenn Sie wegen eines Hindernisses/Einwands nicht schreiben können?

Diese Fragen sollen Sie zum Nachdenken über die Gewohnheit, dem Schreiben auszuweichen, bewegen. Wenn Sie sich die Antworten notieren und aufbewahren, können Sie immer wieder darauf zurückgreifen und sehen, was sich verändert hat. Sie können sich auch mit anderen SchreibzeitplanerInnen darüber austauschen. Wie Sie auch vorgehen, eine bewusste Reflexion Ihrer Gewohnheiten kann einen Veränderungsprozess einleiten. Im besten Fall werden Sie Ihren Schreibzeitplan zufriedenstellender verwirklichen können.

Ich habe keine Zeit

Keine Zeit zu haben, dürfte der meist genannte Grund sein, weshalb Schreibende keinem Zeitplan folgen. Im Extremfall meinen sie sogar, nicht einmal Zeit zu haben, um über einen Zeitplan nachzudenken oder darüber zu sprechen.

Wie bereits in Schritt 2 besprochen, kann es sein, dass Sie behaupten, keine Zeit zu haben, weil Sie mehrere Stunden am Stück benötigen, um überhaupt ins Schreiben zu kommen. Aus diesem Grund lassen Sie es ganz sein. Selbst wenn Sie viel Zeit zur Verfügung haben, kann es sein, dass Sie es schwierig finden, ins Schreiben zu kommen. Der Druck steigt nur noch mehr. Da Sie jedoch die Schreibaufgabe irgendwann erledigen müssen, quetschen Sie schließlich kurz vor Abgabefrist eine Nachtschicht von mehreren Stunden hinein. In einem sogenannten Schreibexzess stellen Sie den Text fertig. Die Nachtschicht stimmt Sie aber unzufrieden, weil Sie Ihren Schlaf bzw. Ihre Freizeit opfern mussten und das Endprodukt womöglich nicht Ihren Ansprüchen genügt. Schreiben erscheint Ihnen als Qual und zeitintensiv (inklusive der Zeit, in der Sie sich Sorgen gemacht haben), was Ihre Meinung, keine Zeit zu haben, verstärken wird.

Haben Sie dieses Buch bis hierhin gelesen, kennen Sie bereits die Antwort auf die Frage: Was ist die Lösung für diesen Einwand? Richtig: Erstellen Sie einen Schreibzeitplan und befolgen Sie ihn (so auch Silvia 2007: 12). Zu meinen, keine Zeit zu haben, ist eine Ausrede. Sie müssen Ihre Zeit fürs Schreiben einplanen, wie Sie das für andere Tätigkeiten in Ihrem Berufs- und Privatleben auch tun. Wenn Sie indessen die Zeit fürs Schreiben verwenden würden, während der Sie sich sonst darüber beklagen, keine Zeit zu haben, kämen Sie mit Ihrer Schreibaufgabe voran. Sie können auch mit kurzen Schreibsitzungen produktiv sein. Sie müssen sich nur gut organisieren, damit Ihnen andere Verpflichtungen nicht in die Quere kommen.

Ob Sie nun wenig Zeit oder ganze Tage frei haben, Sie bereiten sich einen Gefallen, klar zu definieren, wann Sie schreiben wollen und wann nicht. Suchen Sie also nicht nach Zeit, über die Sie offensichtlich nicht verfügen. Reservieren Sie auch noch so kurze Phasen und schauen Sie, wie weit Sie damit kommen.

Sollte es Ihnen sogar so gehen wie Christine, dann meinen Sie auch, dass Ihnen erst recht keine Zeit zur Verfügung steht, um über die Zeitplanung Gedanken anstellen zu können. Christine ist mit so vielen Verpflichtungen beschäftigt, kann jedoch keine auf eine Weise erledigen, die sie zufriedenstellt. Fristen hält sie selten ein und muss sie wiederholt neu mit den AuftraggeberInnen verhandeln (einige davon warten schon mehrere Jahre auf Texte). Trotzdem nimmt sie immer wieder neue Aufträge an, die sie den liegengebliebenen vorzieht. Auch hier gilt dasselbe wie oben: Wenn Sie sich die Zeit nehmen würden, in der Sie anderen von Ihrem Zeitmangel berichten und sagen, dass Sie sich einen Zeitplan einrichten sollten, hätten Sie genügend Zeit sich die wesentlichen Gedanken über Ihren Schreibzeitplan zu machen. Eine kleine Zeitinvestition für die Planung kann Ihre Situation nachhaltig verändern. Ansonsten bleibt auch die Zeitplanung eine der Dinge, die Sie schon lange angehen sollten, dafür aber keine Zeit finden.

Ich kann nicht nach Plan schreiben

Es gibt Menschen, die mit Planung nichts anfangen können. Wenn sie ihre Aufgaben auch ohne Plan in der gewünschten Frist erledigen können und damit zufrieden sind, werden sie keine großen Sorgen haben und sich auch nicht beklagen. Im Gegenteil: Sie können sich glücklich schätzen.

Es gibt aber Schreibende, die sich gegen die Verplanung ihrer Schreibzeit wehren, aber dennoch unzufrieden mit ihren Gewohnheiten und ihrem Fortkommen sind (zu dieser Gruppe habe auch ich gehört). In diesem Fall verweigern sie sich einer Möglichkeit, ihre Situation zu verändern. Laut Silvia (2007: 14–15) planen einige dieser Personen erfolgreich andere Aktivitäten und sperren sich nur dann gegen einen Plan, sobald es ums Schreiben geht. Boice (1990: 76) erzählt von Schreibenden, die sich gegen die Verplanung ihrer Schreibzeit mit dem Argument wehrten, sie wollten keine Schreib-Maschine werden, sondern im natürlichen Fluss schreiben. Sie glaubten Abstriche bei ihrer Lebensweise oder anderen Arbeitsbereichen machen zu müssen.

Falls Sie sich zu dieser Gruppe zählen, beantworten Sie für sich folgende Frage: Was haben Sie zu verlieren, wenn Sie sich einen Zeitplan geben? Nehmen Sie sich genügend Zeit, um mit dem Plan zu experimentieren, werden Sie herausfinden, ob er Sie bei der Erledigung Ihrer Schreibaufgaben unterstützt oder nicht. Sagen zu können, „Ich habe es versucht und für mich herausgefunden, dass es nicht klappt“, zeigt, dass Sie sich bewusst Ihrem Problem angenommen haben. Sie wissen nun, was für Sie funktioniert und was nicht. Das hilft Ihnen weit mehr, als wenn Sie unzufrieden an Ihrer Meinung festgehalten hätten, dass Zeitpläne nichts taugen. Womöglich geht es Ihnen aber auch ähnlich wie mir: Ich habe mich vom Zeitplanverweigerer zum -befürworter entwickelt. Dann gewinnen Sie mehr Zeit, als Sie zu verlieren befürchteten.

Ich schreibe, wenn ich inspiriert bzw. in der Stimmung bin

Nach wie vor geistert der Mythos umher, man brauche Inspiration – den Kuss der Muse –, um schreiben oder kreativ sein zu können. Alternativ hört man, dass man in der Stimmung sein müsse, um schreiben zu können. In beiden Fällen warten die Schreibenden wahrscheinlich lange, wenn nicht ewig, bis die Inspiration oder Stimmung vorhanden ist. Hans-Werner Rückert (2000: 21) formuliert es passend: „Problematisch wird es dann, wenn Sie der Muse

Ihre kussbereiten Lippen seit Wochen, Monaten oder Jahren entgegenstrecken.“ Kein Wunder, dass das unzufrieden stimmt und erst recht keine Schreibstimmung aufkommen will.

Es ist nicht falsch, auch dann zu schreiben, sobald man eine gute Idee hat oder inspiriert ist – unter der Voraussetzung, dass man sonst einem Plan folgt. Ich schreibe manchmal auch außerplanmäßig, wenn ich inspiriert bin. Aber ausschließlich auf Inspiration zu zählen und zu warten, wäre für meinen Schreibfortschritt fatal. Hätte ich beispielsweise an diesem Buch nur in den Momenten gearbeitet, wenn ich inspiriert gewesen wäre, würden Sie es höchst wahrscheinlich jetzt nicht lesen.

Am besten nehmen Sie sich ein Beispiel an all den professionell Schreibenden, die sich regelmäßig an die Arbeit setzen, auch wenn sie die Muse nicht küssen will. Schreiben ist deren – und höchst wahrscheinlich auch Ihre – Arbeit. Das bedeutet, dass sie schreiben, ob sie in der Stimmung sind oder nicht.

Einer meiner Lieblingsaussagen dazu stammt vom Maler Chuck Close. Er sagte, „‚Inspiration ist für Amateure‘ […] ‚Der Rest von uns erscheint einfach und macht sich an die Arbeit‘“ (zitiert in Currey 2013: 64; meine Übersetzung). Oder frei nach Stephen King (2010: 157) bedeutet das, dass wir als Schreibende dafür sorgen müssen, dass die Muse weiß, wann wir an unserem Arbeitsplatz sind und arbeiten.

Betrachten Sie also das Schreiben als Arbeit. Sie rufen ja auch nicht Ihren Vorgesetzten an, um ihm zu sagen, dass Sie heute nicht zur Arbeit kommen, weil Sie nicht in der Stimmung sind. Erkennen Sie die Ausrede, wenn Sie Ihrem Schreib-Vorgesetzten – Ihnen selbst – sagen, dass Ihnen die Inspiration fehlt. Setzen Sie sich trotzdem an die Arbeit. Wer weiß, vielleicht kommt die Inspiration erst beim Schreiben – das passiert mir jedenfalls oft.

Mir fehlt der passende Schreibort bzw. das richtige Material

Eine unterstützende Schreibumgebung und die richtige Ausstattung mit Utensilien kann Ihnen zweifellos das Schreiben erleichtern. Darauf zu setzen oder gar davon abhängig zu sein, wie in Schritt 6 dargestellt, wird Sie jedoch kaum weiterbringen.

Eine Situation wird äußerst selten perfekt sein, so dass Sie unbesorgt schreiben können. Klammern Sie sich zu fest an Ihre Vorstellungen einer perfekten Arbeitsumgebung, machen Sie sich selbst das Schreiben schwer. Dieses Problem wird im folgenden Beispiel einer Ratsuchenden deutlich.

Martina war bereits mehrere Jahre mit ihrer Doktorarbeit befasst, als sie meine Unterstützung suchte. Sie wollte regelmäßiger schreiben und endlich mit ihrer Arbeit vorwärtskommen. Im Laufe der Monate, in denen sie ihren eigenen Schreibzeitplan zu finden versuchte, sprachen wir auch wiederholt über ihren Arbeitsplatz. An der Universität teilte sie mit einer Kollegin das Büro. Befand sie sich alleine im Büro, konnte sie mehr oder weniger konzentriert arbeiten. Sobald aber ihre Kollegin anwesend war, gelang ihr das nicht mehr. Aus diesem Grund versuchte sie am Vormittag zuhause zu schreiben. Umgeben von anderen Dingen, die sie schon lange hätte erledigen sollen, konnte sie sich zuhause auch nicht auf das Schreiben konzentrieren. Sie verzettelte sich wiederholt und war bald der Meinung, dass sie anderswo besser schreiben konnte. Sie versuchte deshalb in einer Bibliothek zu arbeiten, wo sie einen kleinen, einfach eingerichteten Raum benutzen konnte. Doch auch dieser Ort entsprach nicht ihren Vorstellungen und sie wechselte erneut ihren Arbeitsplatz. Im Verlauf der gesamten Beratungszeit ging Martina mehrmals ins Ausland bzw. in die Berge, um zu schreiben. Sie hoffte, dort endlich Ruhe zu finden, um Fortschritte zu machen. Doch auch das gelang ihr nur begrenzt.

Wie Sie sehen, war Martina an keinem Ort richtig mit der Umgebung zufrieden. Es gab immer etwas, was sie vom Arbeiten abhielt. Scheinbar suchte sie einen perfekten Arbeitsort, den es in ihrem Fall nicht gab oder geben konnte. Nicht der Ort, sondern ihre Haltung ihrer Umgebung und den benötigten Schreibbedingungen gegenüber verunmöglichte ihr, einen zufriedenstellenden Arbeitsplatz zu finden.

Sie können sich Ihr Fortkommen auch damit erschweren, falls Sie meinen, ausschließlich mit einer bestimmten Ausstattung schreiben zu können. Nur dann, wenn Sie zum Beispiel den neusten Computer, ein spezielles Schreibprogramm, einen bestimmten Sessel oder das richtige Licht haben, werden Sie Ihre Schreibsitzungen einhalten können (erinnern Sie sich an Schillers faulende Äpfel?). Es spricht nichts dagegen, dass Sie sich beim Schreiben wohlfühlen (ich beispielsweise sitze bei der Niederschrift gerade in meinem Lieblingssessel, meine Füße auf einem Hocker ausgestreckt). Nehmen Sie aber die richtige Ausstattung Ihres Arbeitsplatzes als Vorwand, nicht schreiben zu können, stehen Sie sich selbst im Weg. Spätestens wenn Sie alle gewünschten Utensilien für die Schreibsitzung bereitgestellt haben und Sie noch immer nicht schreiben können, merken Sie, dass es nicht daran liegen kann.

Überdenken Sie Ihre Ansprüche an Ihre Schreibumgebung und die Ausstattung, bevor Sie Ihren Schreibzeitplan verwerfen. Betrachten Sie Ihre Haltung dem Schreiben gegenüber und finden Sie heraus, ob Umgebung und Ausstattung nicht bloß Ausreden sind. Falls ja, sollten Sie sich dem wahren Grund des Hinauszögerns widmen (z.B. Motivation, Zweifel oder Angst).

Ich bin noch nicht bereit fürs Schreiben, ich muss zuerst noch ...

Erinnere ich mich richtig, war das sowohl bei meiner Abschlussarbeit als auch in der ersten Hälfte des Doktorats mein Haupteinwand. Ich brauchte diese Ausrede auch noch, nachdem ich das Vorgehen für einen Zeitplan kennengelernt hatte. Sie war Teil meiner Aufschiebegewohnheit, die ich glücklicherweise bald darauf verändern konnte.

Wenn Sie eine Haus- oder Abschlussarbeit, eine Dissertation, oder einen Bericht schreiben, gibt es selbstverständlich eine erste Phase, in der Sie sich orientieren, Material und Forschungsdaten sammeln und lesen müssen. Planen Sie diese vorbereitenden Aufgaben jedoch nicht, kann es passieren, dass Sie länger als nötig damit verbringen. In diesem Fall werden Sie vielleicht den Beginn der Schreibphase hinauszögern, weil Sie meinen, noch nicht genug Material gesammelt oder gelesen zu haben. Dies birgt zwei Probleme.

Einerseits gibt es stets mehr Material, als Sie in der vorgegebenen Zeit verarbeiten könnten. Es wäre ein endloses Unterfangen, zuerst alles lesen zu wollen, bevor Sie mit der schriftlichen Verarbeitung beginnen.

Andererseits herrscht bei Schreibenden immer wieder der Glaube vor, sie müssten zuerst lesen und erst im Anschluss, wenn Sie alles im Kopf haben, mit Schreiben beginnen. Das mag bei kleinen Arbeiten klappen und es gibt auch Schreibende, die mit dieser Strategie gut zurechtkommen (siehe Scheuermann 2012: 52). In den Modellen des Schreibprozesses kommen die Phasen des Lesens und Schreibens grundsätzlich nacheinander vor, doch in der Praxis können sie sich überschneiden und mehrmals abwechseln (Kruse 2007: Kap. 5). Es spricht aber nichts dagegen, bereits mit dem Schreiben zu beginnen, wenn Sie noch am Lesen sind. Im Gegenteil spricht sogar vieles dafür. Sie erlauben sich während der Lektürephase erste Gedanken niederzuschreiben, die eine Basis für spätere Textversionen sein können. Außerdem üben Sie sich bereits im strukturierten Denken. Murray (2004: Kap. 1) spricht von vorbereitendem Scheiben, bevor Sie genau wissen, was Sie schreiben wollen. Dazu helfen Ihnen sowohl kreative Methoden wie auch der Mut, Texte zu verfassen, die Sie womöglich in dieser Form nicht für die Endfassung verwenden werden (siehe Scheuermann 2012). Früh im Prozess zu schreiben, hilft Ihnen, ein Thema und Ihre Ansichten darüber zu verstehen.

Ertappen Sie sich also dabei, dass Sie behaupten, Sie wären noch nicht bereit zu schreiben, sollten Sie erst recht gleich damit beginnen. Mit dem Schreiben werden Sie herausfinden, was Sie wissen und wo Sie noch Wissenslücken haben. Sie können stets zurück zur Lektüre, der Materialrecherche oder Datenanalyse. Doch auch diese vorbereitenden Aufgaben lassen sich gut im Rahmen von Schreibsitzungen planen und abarbeiten.

*

Welche Einwände Sie auch immer vorbringen, um nicht oder nicht zur geplanten Zeit schreiben zu können, in der Regel entpuppen sie sich als Ausreden. Sie wollen sich, ob bewusst oder unbewusst, damit vor potentiell unangenehmen Erfahrungen schützen. Wie Sie früher oder später feststellen werden, erledigt sich Ihre Arbeit jedoch nicht von selbst, wenn Sie sich davor drücken oder sie aufschieben. Deshalb zögern Sie nicht länger und widmen sich lieber während den reservierten Schreibzeiten den geplanten Aufgaben.

Zu Beginn des Schreibzeitplans kann es vorkommen, dass Sie mit dem Vorgehen hadern und sich gegen den Plan sträuben. Betrachten Sie das als ganz normale Erscheinungen, schließlich ist die Situation noch ungewohnt. Sie brauchen Zeit, sich an den Rhythmus Ihres Schreibzeitplans zu gewöhnen und die Routine als etwas Selbstverständliches zu erleben. Selbst wenn Sie genau die unangenehmen Erfahrungen sammeln, die Sie mit dem Schreiben verbinden, haben Sie nun die Gelegenheit, ihnen auf den Grund zu gehen. Sprechen Sie mit anderen Schreibenden über Ihre Schwierigkeiten oder besuchen Sie eine Schreibwerkstatt. Sie werden sehen, dass es anderen Schreibenden genauso geht. Die bewusste Auseinandersetzung mit Schwierigkeiten und „Schreibschmerz" (Ruhmann zit. in Kruse 2007: 243) kann Ihnen helfen, diese zu überwinden. Aber dazu müssen Sie schreiben, allen Ihren Einwänden zum Trotz.

Zum Weiterlesen über ...

Ausreden

- Silvia, Paul J. (2007): How to Write a Lot. A Practical Guide to Productive Academic Writing. Washington, D.C.: American Psychological Association. (Kap. 2)
- Currey, Mason (2013): Daily Rituals. How Artists Work. New York: Alfred A. Knopf.

Schritt 10:
Freude an der neuen Gewohnheit

Schauen Sie an dieser Stelle zurück und vergegenwärtigen Sie sich, was Sie geleistet haben. Falls Sie Schritt für Schritt Ihren eigenen Schreibzeitplan erstellt und angefangen haben, ihn umzusetzen, haben Sie allen Grund, sich zu freuen. Selbst wenn Sie nicht allen Schritten aufs Wort genau gefolgt sind, sondern sich das aus dem Werkzeugkasten genommen haben, was Sie benötigen, dürfen Sie sich freuen. Denn bei all der Arbeit und den Herausforderungen, die der Aufbau Ihres Zeitplans mit sich bringt, geht womöglich die Freude als erstes vergessen.

Reflexion: Veränderungen

Überlegen Sie sich, wie es um Ihre Schreibgewohnheiten vor dem Aufbau oder der Verbesserung Ihres Schreibzeitplans stand. Vergegenwärtigen Sie sich, wie zufrieden Sie vorher waren. Vergleichen Sie nun die Ergebnisse mit der aktuellen Situation. Konnten Sie Ihre Schreibgewohnheiten erkennen und verändern? Haben sich Ihre Zufriedenheit und Ihre Haltung dem (planmäßigen) Schreiben gegenüber verändert? Niemand erwartet, dass Ihnen das Schreiben auf einmal Freude oder sogar Spaß bereitet. Schreiben bleibt eine Herausforderung, die nur mit kontinuierlicher Arbeit und Geduld bewältigt werden kann. Trotzdem dürfen Sie sich darüber freuen, dass Sie sich die Zeit genommen und Mühe gemacht haben, Ihre Schreibgewohnheiten zu überdenken und zu verändern.

Blicke ich auf meine Schreibbiographie zurück, sehe ich einen deutlichen Unterschied. Damals, bis weit in mein Doktorat hinein, war mir Schreiben die meiste Zeit ein Graus. Ich zerbrach mir ständig den Kopf darüber, was ich alles noch schreiben sollte, redete mir aber selbst wiederholt ein, weshalb ich nicht schreiben konnte. Damit habe ich wohl mehr Zeit verbracht, als mich tatsächlich hinzusetzen und zu schreiben. Mit meiner Annäherung an einen Schreibzeitplan, wenn auch zu Beginn noch zögerlich, veränderten sich meine Schreibgewohnheiten, so dass ich trotz Schwierigkeiten mit meiner Doktorarbeit doch noch in der geplanten Zeit fertig wurde. Ich bin froh, dass ich nun keine Nachtschicht-Schreibsitzungen mehr abhalten muss, um eine Frist einzuhalten. Ich freue mich immer wieder, dass ich meinen Schreibzeitplan, so gut es mir möglich ist, umsetzen kann – selbst, wenn es mal nicht so rund läuft.

Dieselbe Freude fällt mir bei den Ratsuchenden auf, die einen Schreibzeitplan erstellt haben und ihn als nützlich betrachten. Ihnen gelingt es nun besser, vorwärtszukommen und mehrere Schreibaufgaben parallel vor Ablauf der Frist zu erledigen. Manchmal hadern Sie mit Unterbrechungen in ihrem Plan, Veränderungen in ihrer Umgebung oder ihrem Leben. Sie wissen jedoch, welche Vorteile ihnen der Plan bringt und sorgen dafür, dass er sie in angepasster Form weiterhin unterstützt.

Freuen Sie sich also darüber, dass Sie sich die Zeit nehmen, Ihre Schreibgewohnheiten zu reflektieren und Ihren Bedürfnissen entsprechend im Rahmen eines Schreibzeitplans anzupassen und zu verankern. Freuen Sie sich, dass Sie wissen, in welcher Zeit Sie wie viel Text produzieren oder überarbeiten können. Sie verfügen damit über ein nützliches Planungsinstrument. Freuen Sie sich, dass Sie nun genau wissen, wann Sie schreiben und wann Sie es nicht tun (müssen). Sie haben es in der Hand, wie Sie Ihre freien Abenden, Wochenenden und Ferien verbringen. Genießen Sie Ihre schreibfreie Zeit mit Ihrer Familie und Ihren FreundInnen und nehmen Sie sich Dinge vor, bei denen Sie abschalten und Ihren Interessen nachgehen können. Teilen Sie Ihre Freude mit anderen Schreibenden, besonders mit jenen, die ihre Schreibgewohnheiten verändern möchten. Sie können Sie inspirieren und motivieren. Freuen Sie sich schließlich, dass Ihre Sorgen ums Schreiben unnötig sind – Sie wissen ja, wann die nächste Schreibsitzung ansteht.

Und was, wenn das alles nicht funktioniert wie geplant?

Nicht allen, die einen Schreibzeitplan ausarbeiten möchten, gelingt der erste oder zweite Versuch. Es gibt viele Gründe, weshalb jemand trotz bester Absichten und Pläne nicht wie vorgesehen vorwärtskommt. Aus diesem Grund möchte ich Ihnen Möglichkeiten aufzeigen, wie Sie damit umgehen können, falls Sie das Schreiben aufschieben oder Sie nicht vom Fleck kommen.

Die Macht des Aufschiebens

Aufschiebeverhalten kann Ihren Schreibfortschritt empfindlich beeinträchtigen. Entweder betrifft es nur das Schreiben oder aber es erstreckt sich über mehrere Bereiche Ihres Lebens. In beiden Fällen stehen Ihnen Wege offen, dagegen etwas zu unternehmen (siehe Rückert 2000). Die Erstellung eines Schreibzeitplans weist einen dieser Wege auf, weil Sie sich damit klare, erreichbare Ziele setzen und so größere Aufgaben allmählich nicht mehr hinauszögern oder ganz vermeiden.

Immer wieder treffe ich auf Schreibende, die alles über ihr Thema wissen und fähig sind, gute Texte zu schreiben. Trotzdem kämpfen sie beispielsweise mit einer wissenschaftlichen Qualifikationsarbeit (wie Katrin, der Sie in Schritt 2 begegnet sind). Sie erledigen viele andere Dinge, anstatt an der Arbeit zu schreiben: Sie putzen ihre Wohnung (was sie sonst kaum so oft erledigen würden), schauen Fernsehserien, treffen sich mit FreundInnen, bilden sich in Kursen weiter oder widmen ihre Zeit anderen schriftlichen Aufgaben, die weniger wichtig oder dringend sind und mehr Spaß machen. Die Phase des Aufschiebens kann sich über Monate oder Jahre erstrecken, bis die Abgabefrist tatsächlich kurz bevor steht. In den Fällen, in denen die Schreibenden die Abgabefrist selbst bestimmen müssen, kommt es vor, dass sie diese lange nicht definitiv festlegen. Sowohl Schreiben als auch Nicht-Schreiben werden dadurch zu einer Qual, die man, je länger sie andauert, desto mehr zu vermeiden sucht.

Falls Sie Ihre Schreibarbeit aufschieben und deshalb einen eigenen Schreibzeitplan erarbeiten wollen, befinden Sie sich auf gutem Wege. Denn dann sind Sie bereit, sich bewusst mit Ihrem

Aufschiebe- und Vermeidungsverhalten auseinanderzusetzen (siehe Rückert 2000).

Nehmen wir an, dass Sie alles Nötige getan haben, um Ihren Schreibzeitplan zu erstellen. Sie haben mehrere Wochen oder Monate damit gearbeitet, sind aber mit Ihrem Fortschritt nicht zufrieden und zweifeln an sich oder am Schreibzeitplan. Denn noch immer tendieren Sie dazu, das Schreiben zu umgehen. In dieser Situation lohnt es sich, dass Sie sich vor Augen führen, inwiefern sich Ihr Aufschiebeverhalten verändert hat, seit Sie den Schreibzeitplan einsetzen. Sie können sich unter anderem folgende Fragen stellen, die Ihnen dabei helfen sollen, die Situation zu beurteilen:

Konnten Sie einen regelmäßigen Schreibrhythmus festlegen?
Gibt es ein Muster, wann Sie Ihre Sitzungen einhalten und wann nicht?
Wie äußert sich Ihr Aufschiebeverhalten?
Gibt es ein Muster, wie Sie das Schreiben aufschieben?
Was ist anders, wenn Sie eine Schreibsitzung erfolgreich absolvieren?

Mit einer solchen Selbstbefragung (oder im Gespräch mit einer anderen Person) haben Sie die Gelegenheit herauszufinden, wie Sie Ihren Schreibzeitplan bestmöglich anpassen können. Es wäre schade, wenn Sie bei den ersten Schwierigkeiten Ihren Zeitplan über Bord werfen oder dessen Anpassung zurückstellen würden. Wie ich bereits mehrmals gesagt habe, braucht ein wirklich guter Zeitplan, der auf Sie abgestimmt ist, Zeit und Geduld.

Nehmen wir weiter an, dass Sie sich Ihr Verhalten zum wiederholten Male bewusst gemacht und Ihren Zeitplan angepasst haben. Sie haben zwar ein paar erfolgreiche Schreibsitzungen erlebt, sind aber weiterhin unzufrieden mit Ihrem Verhalten. Anstatt motiviert zu sein, sorgen Sie sich um Ihren Schreibfortschritt und sind aufgrund der verpassten oder erfolglosen Schreibsitzungen noch frustrierter als früher. Was können Sie jetzt noch tun, mögen Sie sich fragen.

Wie Sie mit dem Aufschieben umgehen können

Ich schlage vor, dass Sie Ihre Bemühungen zum Aufbau eines Schreibzeitplans erst einmal gebührend würdigen. Falls Sie inzwischen positive Erlebnisse mit dem Zeitplan gemacht haben, wenn auch nur wenige, freuen Sie sich darüber. Versuchen Sie an die noch so kleinen Erfolge anzuschließen, anstatt sich von dem deprimieren zu lassen, was noch nicht funktioniert.

Um nicht zu resignieren, sehe ich zwei Wege, die Sie einschlagen können. Einerseits können Sie weiterhin Ihren Schreibzeitplan alle paar Wochen optimieren und damit experimentieren, bis Sie zufrieden sind. Verhaltensänderungen passieren selten über Nacht. Gönnen Sie sich deshalb auch die nötige Zeit, um das Aufschieben zu überwinden. Ich habe über Jahre meine Schreibaufgaben bis auf den letzten Drücker hinausgezögert. Nur allmählich konnte ich mein Verhalten mithilfe des Zeitplans verändern.

Um eine solche Phase motiviert durchzustehen, suchen Sie sich bei Bedarf eine Person, die Erfahrung damit hat bzw. Sie kompetent begleiten kann. Dafür eignet sich auch ein Schreibcoaching. Studieren Sie oder sind an einer Universität tätig, erkundigen Sie sich, ob es ein entsprechendes Angebot gibt, z.B. im Rahmen eines Schreibzentrums oder einer Beratungsstelle. In meinen Beratungen zeigt es sich immer wieder, dass die Ratsuchenden es schätzen, sich regelmäßig mit jemandem über ihre Schwierigkeiten und Erfolge austauschen zu können. Eine Ansprechperson zu haben, die Verständnis zeigt und Ihnen helfen kann, sich zu motivieren, kann Ihren Reflexions- und Veränderungsprozess unterstützen.

Andererseits können Sie sich entscheiden, Ihr verbleibendes Aufschiebeverhalten zu akzeptieren. Besonders wenn Sie seit Monaten am Zeitplan arbeiten, haben Sie vielleicht keine Lust mehr, ihn noch mehrmals umzustellen. Anstatt gegen einen Widerstand anzukämpfen und deshalb nur noch entmutigter zu werden, können Sie mit der aktuellen Situation arbeiten (siehe Perry 2012). Das heißt konkret, dass Sie Ihr Verhalten, wie Sie es sich bewusst gemacht haben, im Plan mitberücksichtigen.

Sie versuchen zwar Ihren Schreibzeitplan bestmöglich umzusetzen, aber Sie lassen sich nicht demotivieren und davon abhalten, falls es mal nicht klappen sollte. Stattdessen freuen Sie sich, wenn Sie produktiv sein können und vergegenwärtigen sich (beispielsweise auch schriftlich), unter welchen Bedingungen Sie erfolgreich waren. Analog können Sie festhalten, welche Bedingungen vorherrschen und wie Sie sich verhalten, sobald Sie aufschieben. Wenn Sie Erfahrungen sowohl mit guten als auch weniger guten Schreibsitzungen sammeln, erkennen Sie vielleicht Muster. Nun können Sie versuchen, die positiven Muster (Bedingungen, Verhalten) herzustellen, damit sich motivierende Erlebnisse öfter ereignen.

Wichtig scheint mir, dass Sie nicht gegen Hindernisse ankämpfen, die Sie so schnell nicht überwinden können. Suchen Sie Wege, um mit Ihnen umzugehen. Falls Sie wissen, dass Sie am Montag nicht schreiben können und jeder Versuch zwecklos ist, so lassen Sie es bleiben. Planen Sie lieber Sitzungen ein, wenn Sie wissen, dass die Bedingungen förderlich sind. Sollten Sie auch dann ab und an aufschieben, lassen Sie sich nicht demotivieren. Lernen Sie daraus und bleiben Sie geduldig. Ihre neue, gute Gewohnheit wird sich allmählich einstellen.

Wenn Sie nicht vom Fleck kommen

Nehmen wir an, Sie setzen sich planmäßig an Ihren Arbeitsplatz und starten den Computer, weil Sie die Aufgabe erledigen wollen – und dann können Sie nicht schreiben. Nachdem Sie Ihre Schreibzeit durchgestanden, aber Ihr Ziel nicht erreicht haben, hoffen Sie, dass Sie beim nächsten Mal produktiv sein werden. Doch das nächste Mal sitzen Sie erneut wie gelähmt vor dem weißen Bildschirm und ringen um Ideen und Worte. Sie schieben nicht auf, sondern kommen nicht vom Fleck.

Dieses und ähnliche Probleme finden Sie in vielen Büchern unter den Begriffen Schreibblockade, -krise, -problem oder -hemmung wieder (z.B. Kruse 2007; Pyerin 2007; Wolfsberger 2010; Chirico/Selders 2010; Scheuermann 2012). Dort werden auch verschiedenc Erklärungen und Lösungsvorschläge für dieses Phänomen gegeben. In anderen Bücher lesen Sie aber auch die Aussage, dass die Schreibblockade ein Mythos bzw. inexistent sei

(Silvia 2007: 45 ff.). Ohne auf begriffliche Feinheiten einzugehen, möchte ich nur ein paar praktische Aspekte zur Schreibblockade nennen, die mit dem Schreibzeitplan zusammenhängen.

Übers Schreiben schreiben

Ob Sie aufgrund mangelnder Inspiration, fehlender Ideen, Selbstzweifeln, Angst vor dem leeren Blatt, Perfektionismus oder anderen Gründen blockiert sind, Sie können das Schreiben selbst als Lösungsmittel einsetzen. Das mag paradox klingen. Diese Art von Schreiben unterscheidet sich jedoch von dem Schreiben, das auf die Schreibaufgabe gerichtet ist bzw. blockiert zu sein scheint. Hierbei schreiben Sie nämlich, um Ihre festgefahrene Situation zu betrachten. Es handelt sich also um ein Schreiben übers Schreiben.

Nehmen wir den Fall, dass Sie den Anspruch haben, gleich beim ersten Mal einen perfekten Text zu verfassen. Bei jedem Wort und jedem Satz denken Sie zuerst lange nach, bevor Sie ihn – falls überhaupt – niederschreiben. Besonders der erste Satz macht Ihnen Mühe, hängt von ihm doch der ganze Rest des Textes ab. Dieser Anspruch auf Perfektion lähmt Sie. Über Ihre Schreibsituation zu schreiben, kann Ihnen helfen zu entdecken, warum Sie nicht vom Fleck kommen.

Eine Variante besteht darin, dass Sie in Form eines automatischen Schreibens innerhalb von fünf bis zehn Minuten ohne Rücksicht auf grammatische oder andere Fehler drauflosschreiben. Niemand wird Ihren so entstandenen Text lesen und Sie dürfen ihn danach auch wieder wegwerfen. Alternativ können Sie einen Dialog zwischen sich und einer realen oder fiktiven Person verfassen. Sie schildern der Person die Situation und lassen diese Fragen dazu stellen (Wolfsberger 2010: 180). Oder Sie schreiben einer befreundeten Person eine E-Mail, in der Sie berichten, wie es Ihnen beim Schreiben ergeht. Selbstverständlich müssen Sie die Nachricht nicht absenden.

Diese und ähnliche Reflexionsübungen können Ihnen mindestens in zweierlei Hinsicht weiterhelfen. Erstens schreiben Sie Ihre Gedanken zur Situation und den Gründen dafür auf. Anstatt sich wiederholt den Kopf darüber zu zerbrechen, machen Sie Ihre

Schwierigkeiten auf Papier sichtbar. Dadurch verschaffen Sie sich eine gewisse Distanz und können nach einem Tag oder länger erneut auf den Text schauen.

Übers Schreiben zu schreiben kann Ihnen zweitens helfen, leichter ins Schreiben zu finden. Meinen Sie, keine Ideen zu haben, hilft Ihnen die Reflexion darüber womöglich zu Ideen zu kommen. In anderen Fällen kann die Reflexion dazu führen, dass Sie sich schriftlich aufgewärmt haben und nun, ohne es zu registrieren, bereit sind, weiterzuschreiben.

Auch wenn Sie vorerst in den Schreibsitzungen nichts anderes als Reflexionsübungen durchführen und dadurch Ihre ursprünglichen Sitzungsziele nicht erreichen, schreiben Sie dennoch. Aus diesem Grund könnte es sich lohnen, diese Übungen als vorläufige Ziele zu planen, bis Sie Ihre Situation geklärt und eine Lösung gefunden haben. Denn dadurch halten Sie erneut Ihren Zeitplan ein und können trotz der schwierigen Situation Ihre neue Schreibgewohnheit pflegen. Doch auch hier ist Vorsicht geboten: Nehmen Sie die Reflexion Ihres Schreibens nicht als Vorwand, die eigentliche Schreibaufgabe zu lange hinauszuschieben.

Schreibend zum Schreibzeitplan

Es ist nicht ungewöhnlich, wenn Ihr Schreibzeitplan zu Beginn nicht perfekt funktioniert. Lassen Sie sich davon nicht beirren, sondern passen Sie ihn an oder finden Sie Wege, mit den Schwierigkeiten umzugehen. Reden Sie sich nicht allzu schnell ein, dass Sie einfach nicht für den Zeitplan geschaffen sind, Ihre Aufschiebegewohnheit sich nicht mit regelmäßigen Schreibsitzungen verträgt oder Ihre Blockade ewig bestehen bleibt. Finden Sie heraus, ob Sie tatsächlich festsitzen oder ob Sie, wenn auch langsam und schrittweise, Ihre Gewohnheiten und Vorgehensweisen beim Schreiben verändern können. Am besten bewältigen Sie die genannten Hindernisse schreibend, um Ihre Situation zu reflektieren.

Ihre Haltung und Motivation spielt eine zentrale Rolle. Befassen Sie sich aus eigenem Antrieb mit dem Schreibzeitplan, verfügen Sie über eine grundlegende Motivation, Ihre Gewohnheiten verändern zu wollen. Ihre Selbstverpflichtung zeigt, dass Ihnen an

Ihrer Arbeitsweise etwas liegt. Setzen Sie also Ihre bisherige Arbeit nicht zu früh aufs Spiel. Bleiben Sie am Ball und setzen Sie sich bewusst mit Ihren Schreibgewohnheiten oder dem Mangel daran auseinander. Bei Bedarf können Sie andere Schreibende oder professionelle BeraterInnen hinzuziehen. Daran ist nichts falsch. Im Gegenteil: Eine ernsthafte Auseinandersetzung ist Ausdruck Ihres Problembewusstseins und Einsatzes, um Lösungen zu finden und eine Ihrer Kernkompetenzen zu stärken. Dagegen ist wirklich nichts einzuwenden.

Zum Weiterlesen über ...

Aufschieben

- Perry, John (2012): Einfach liegen lassen. Das kleine Buch vom effektiven Arbeiten durch gezieltes Nichtstun. München: Riemann Verlag.
- Rückert, Hans-Werner (2000): Schluss mit dem ewigen Aufschieben. Wie Sie umsetzen, was Sie sich vornehmen. Frankfurt/New York: Campus Verlag.

Schreibblockaden

- Chirico, Rosaria; Selders, Beate (Hrsg.) (2010): Bachelor statt Burnout. Entspannt studieren – Wie geht das? (UTB 3450). Göttingen: Vandenhoeck & Ruprecht.
- Kruse, Otto (2007): Keine Angst vor dem leeren Blatt. Ohne Schreibblockaden durchs Studium. Frankfurt a. M.: Campus Verlag.
- Pyerin, Brigitte (2007): Kreatives wissenschaftliches Schreiben. Tipps und Tricks gegen Schreibblockaden. Weinheim: Juventa Verlag.
- Scheuermann, Ulrike (2012): Schreibdenken. Schreiben als Denk- und Lernwerkzeug nutzen und vermitteln. (UTB 3687). Opladen/Toronto: Verlag Barbara Budrich.
- Wolfsberger, Judith (2010): Frei geschrieben. Mut, Freiheit & Strategie für wissenschaftliche Abschlussarbeiten. (UTB 3218). Wien: Böhlau Verlag.

Rück- und Ausblick

Erinnern Sie sich, wie es war, als Sie noch keinen Schreibzeitplan hatten? Wissen Sie, womit Sie damals Ihre Zeit verbracht haben? Erinnern Sie sich an Ihren damaligen Arbeitsfortschritt? Diese und ähnliche Fragen können Sie sich stellen, wenn Sie einige Zeit mit Ihrem neuen Schreibzeitplan gearbeitet haben. Je länger Sie ihn verwenden, desto vager werden vermutlich Ihre Erinnerungen an die alten Gewohnheiten – so geht es mir jedenfalls. Sollte das der Fall sein, haben Sie sich an die neue Schreibsituation gewöhnt und betrachten Sie als selbstverständlich.

Bei all der Arbeit an Ihrem Schreibzeitplan und natürlich an Ihren Schreibaufgaben dürfen Sie die schreibfreie Zeit nicht vergessen. Ihr Schreibzeitplan dient nicht bloß dazu, dass Sie wissen, wann Sie schreiben. Er dient auch dazu, dass Sie wissen, wann Sie nicht schreiben müssen. Schließlich verlangt er nicht, dass Sie Ihr ganzes Leben verplanen – er gilt nur für die Zeit, in der Sie sich mit Schreibaufgaben befassen. Damit schützen Sie sich bewusst vor Stunden, Tagen und Wochen, in denen Sie sich über eine näherrückende Abgabefrist sorgen. Wenn Sie angemessen planen, können Sie bereits vor Fristende eine Schreibaufgabe abschließen und einreichen. Viel zu lange Schreibsitzungen und Nachtschichten gehören damit der Vergangenheit an. Abende, Wochenenden und Ferien – sofern nicht bewusst und freiwillig mit Schreibsitzungen gefüllt – stehen Ihnen frei zur Verfügung.

Sollten Sie Gefallen an der Zeitplanung gefunden haben, können Sie sie auf andere Bereiche übertragen. Die Grundprinzipien bleiben die gleichen. Steht eine aufwändige Prüfung an wie etwa für den Bachelor- oder Masterabschluss, können Sie einen Prüfungsvorbereitungsplan erstellen. Darin halten Sie fest, wann Sie was lesen, exzerpieren, repetieren und allenfalls mit KommilitonInnen besprechen. Müssen Sie oft administrative Aufgaben erledigen und haben nie die Zeit dafür gefunden, reservieren Sie sich diese mit einem Plan. Dabei können Sie Teilaufgaben planen wie etwa Korrespondenz erledigen, Rechnungen bezahlen und ähnliches. Dadurch häufen sich Briefe und Mails nicht mehr unkontrolliert an oder gehen gar vergessen.

Ob Sie insgesamt für alle Aufgaben einen einzigen Zeitplan oder mehrere erstellen, ist Ihnen überlassen. Beachten Sie jedoch, dass Sie die Aufgaben klar trennen und so vorsehen, dass diese sich nicht gegenseitig in die Quere kommen. Es wäre schade, eine geplante Aufgabe spontan durch eine andere zu ersetzen, nur weil letztere Ihnen in diesem Moment angenehmer erscheint. Eine klare Planung mit kleinen, erreichbaren Zielen und einer genauen Kontrolle hilft Ihnen, sich nicht zu verzetteln.

Bei all dem Planen, Umsetzen, Kontrollieren und erneut Anpassen sollten Sie die Vorteile und vor allem die Freude an Ihrer neuen Gewohnheit nicht vernachlässigen. Freuen Sie sich, dass Sie Ihre Zeit sinnvoll und effizient nutzen und Ihre Schreibaufgaben innerhalb der gesetzten Fristen abarbeiten können. Freuen Sie sich an Ihrem Arbeitsfortschritt und all den Dingen, die Sie dabei lernen. Sie stärken damit bedeutende Kompetenzen, die Ihnen im Studium, Beruf und anderen Bereichen zugutekommen. Und freuen Sie sich über die gewonnene und wohl verdiente Freizeit.

Quintessenz der 10 Schritte

Schritt 1: Motivation und Selbstverpflichtung

Klären Sie Ihre Motivation. Sie ist zentral für den Aufbau und die Aufrechterhaltung des Schreibzeitplans.
Verpflichten Sie sich, Ihren Plan einzuhalten. Erzählen Sie FreundInnen davon.

Schritt 2: Definieren, wie viel Zeit Sie brauchen

Finden Sie heraus, wann Sie schreiben können und/oder wollen.
Erstellen Sie einen Wochenplan.
Planen Sie Ihre Schreibsitzungen realistisch.

Schritt 3: Schreibaufgaben bestimmen und Prioritäten setzen

Definieren Sie Schreibaufgaben, inklusive Abgabefristen und zeitlichem Aufwand, und weisen Sie ihnen Prioritäten zu.
Halten Sie die Aufgaben in einer Liste fest und hängen Sie diese sichtbar auf.

Schritt 4: Aufgaben und Ziele definieren

Geben Sie sich für jede Schreibsitzung eine kleine Aufgabe, die Sie in der geplanten Zeit abarbeiten können.
Seien Sie sich am Vorabend einer Sitzung im Klaren darüber, welche Aufgabe mit welchem Ziel ansteht.

Schritt 5: Den Fortschritt kontrollieren

Kontrollieren Sie Ihren Schreibfortschritt mithilfe einer Tabelle, Grafik o.ä.
Treffen Sie sich gegebenenfalls regelmäßig mit anderen SchreibzeitplanerInnen für die gegenseitige Fortschrittskontrolle und Unterstützung.

Schritt 6: Die Schreibumgebung gestalten

Stellen Sie die bestmöglichen Bedingungen zum Schreiben her.
Informieren Sie Ihre Mitmenschen über Ihre Schreibzeiten.
Vermeiden Sie Abhängigkeiten von Bedingungen; bleiben Sie flexibel.

Schritt 7: Die Schreibsitzung und ihre Tücken

Machen Sie sich Herausforderungen und Tücken während den Schreibsitzungen bewusst.
Fokussieren heißt immer wieder zu refokussieren. Üben Sie sich in Geduld mit sich und anderen Ablenkungsquellen.

Schritt 8: Rituale, Belohnungen und andere Mittel

Geben Sie sich Rituale, die Sie auf die Schreibsitzung einstimmen.
Belohnen Sie sich für erreichte Sitzungsziele und Meilensteine.

Schritt 9: Einwänden trotzen

Machen Sie sich Ihre Einwände gegen das regelmäßige Schreiben bewusst. Schreiben Sie trotzdem.

Schritt 10: Freude an der neuen Gewohnheit

Freuen Sie sich über die Veränderung Ihrer Schreibgewohnheiten und Ihren Schreibfortschritt.

*

Erstellen Sie einen Schreibzeitplan, folgen Sie ihm und schreiben Sie regelmäßig.

Literatur

Boice, Robert (1990): Professors as Writers. A Self-Help Guide to Productive Writing. Stillwater: New Forums Press Inc.

Boice, Robert (2000): Advice for New Faculty Members. Nihil Nimus. Boston: Allyn & Bacon.

Chirico, Rosaria; Selders, Beate (Hrsg.) (2010): Bachelor statt Burnout. Entspannt studieren – Wie geht das? (UTB 3450). Göttingen: Vandenhoeck & Ruprecht.

Csikszentmihalyi, Mihaly (2013): Flow: Das Geheimnis des Glücks. Stuttgart: Klett-Cotta.

Currey, Mason (2013): Daily Rituals. How Artists Work. New York: Alfred A. Knopf.

Elbow, Peter (1998): Writing with Power. Techniques for Mastering the Writing Process. New York/Oxford: Oxford University Press.

Emrich, Hinderk M. (2000): Schreib-Partikel und ihre allmähliche Verfertigung. In: Narr, Wolf-Dieter; Stary, Joachim (Hrsg.): Lust und Last des wissenschaftlichen Schreibens. Hochschullehrerinnen und Hochschullehrer geben Studierenden Tips. Frankfurt a. M.: Suhrkamp, S. 54–57.

Frank, Andrea; Haacke, Stefanie; Lahm, Swantje (2007): Schlüsselkompetenzen: Schreiben in Studium und Beruf. Stuttgart/Weimar: Verlag J. B. Metzler.

Keyes, Ralph (2003 [1995]): The Courage to Write. How Writers Transcend Fear. New York: Henry Holt and Company.

King, Stephen (2010 [2000]): On Writing. A Memoir of the Craft. New York: Scribner.

Krippendorff, Ekkehart (2000): Schreiben – mit Papier und Kugelschreiber. In: Narr, Wolf-Dieter; Stary, Joachim (Hrsg.): Lust und Last des wissenschaftlichen Schreibens. Hochschullehrerinnen und Hochschullehrer geben Studierenden Tips. Frankfurt a. M.: Suhrkamp, S. 27–35.

Kruse, Otto (2007 [1993]): Keine Angst vor dem leeren Blatt. Ohne Schreibblockaden durchs Studium. Frankfurt a. M.: Campus Verlag.

Kruse, Otto (2010): Lesen und Schreiben. Der richtige Umgang mit Texten im Studium. (UTB 3355). Konstanz: UVK.

Murray, Donald M. (2004): The Craft of Revision. Boston: Thomson Wadsworth.

Nünning, Vera (Hrsg.) (2008): Schlüsselkompetenzen: Qualifikationen für Studium und Beruf. Stuttgart/Weimar: Verlag J.B. Metzler.

Perry, John (2012): Einfach liegen lassen. Das kleine Buch vom effektiven Arbeiten durch gezieltes Nichtstun. München: Riemann Verlag.

Pyerin, Brigitte (2007 [2001]): Kreatives wissenschaftliches Schreiben. Tipps und Tricks gegen Schreibblockaden. Weinheim: Juventa Verlag.

Rico, Gabriele L. (2002 [1983]): Garantiert schreiben lernen. Sprachliche Kreativität methodisch entwickeln – ein Intensivkurs auf der Grundlage der modernen Gehirnforschung. Reinbek bei Hamburg: Rowohlt.

Riedenauer, Markus; Tschirf, Andrea (2012): Zeitmanagement und Selbstorganisation in der Wissenschaft. Ein selbstbestimmtes Leben in Balance. (UTB 3668). Wien: facultas wuv.

Rückert, Hans-Werner (2000 [1999]): Schluss mit dem ewigen Aufschieben. Wie Sie umsetzen, was Sie sich vornehmen. Frankfurt/New York: Campus Verlag.

Scheuermann, Ulrike (2012): Schreibdenken. Schreiben als Denk- und Lernwerkzeug nutzen und vermitteln. (UTB 3687). Opladen/Toronto: Verlag Barbara Budrich.

Silvia, Paul J. (2007): How to Write a Lot. A Practical Guide to Productive Academic Writing. Washington, D.C.: American Psychological Association.

Skinner, B. F. (1997 [1981]): How to Discover What You Have to Say. A Talk to Students. In: Bolker, Joan (Hrsg.): The Writer's Home Companion. An Anthology of the World's Best Writing Advice, from Keats to Kunitz. New York: Henry Holt and Company, S. 76–91.

Trollope, Anthony (1999 [1883]): An Autobiography. London: The Trollope Society.

von Werder, Lutz (2002): Brainwriting & Co. Die 11 effektivsten Methoden des kreativen Schreibens für die Schule und das Studium. Milow: Schibri-Verlag.

Wolfsberger, Judith (2010 [2007]): Frei geschrieben. Mut, Freiheit & Strategie für wissenschaftliche Abschlussarbeiten. (UTB 3218). Wien: Böhlau Verlag.

Zerubavel, Eviatar (2001 [1999]): The Clockwork Muse. A Practical Guide to Writing Theses, Dissertations, and Books. Cambridge, Mass./ London: Harvard University Press.

Zinsser, William (2006 [1976]): On Writing Well. New York: Collins.